AF261891

Le Lieutenant-Colonel

Vicomte DU HALGOUET

Député d'Ille-et-Vilaine

MAIRE DE RENAC

et ses DEUX FILS

Tombés glorieusement

POUR LA FRANCE

RENNES

IMPRIMERIE OBERTHUR

1919

Le Vicomte MAURICE-MARIE-JOSEPH

DE POULPIQUET DU HALGOUET

LIEUTENANT-COLONEL D'ARTILLERIE EN RETRAITE

OFFICIER DE LA LÉGION D'HONNEUR
COMMANDEUR DE SAINT-GRÉGOIRE-LE-GRAND

DÉPUTÉ D'ILLE-ET-VILAINE

CONSEILLER GÉNÉRAL
PRÉSIDENT DU COMICE AGRICOLE DE REDON

MAIRE DE RENAC
MEMBRE DU CONSEIL PAROISSIAL

ANCIEN COMBATTANT DE 1870-71

Le Lieutenant=Colonel DU HALGOUET

DÉPUTÉ D'ILLE-ET-VILAINE

(11 Décembre 1847 — 1ᵉʳ Avril 1919)

Le *Nouvelliste de Bretagne* du 2 avril 1919 annonçait en ces termes la mort de M. le colonel du Halgouet :

Une bien triste nouvelle nous est venue de Redon.

M. le lieutenant-colonel vicomte du Halgouet, officier de la Légion d'honneur, député d'Ille-et-Vilaine, conseiller général, maire de Renac, a succombé le mardi 1ᵉʳ avril, à 3 heures de l'après-midi, terrassé par une courte maladie. Il était âgé de 72 ans.

La mort de M. du Halgouet causera une douloureuse émotion dans toute la région. Etonnamment actif, merveilleux d'entrain, travailleur infatigable, d'abord extrêmement sympathique, M. du Halgouet jouissait de la plus solide et de la plus flatteuse des popularités. A Redon, il était imbattable et depuis longtemps ses adversaires avaient renoncé à lutter contre cet intrépide combattant qui savait mener une élection comme on mène une charge victorieuse.

Toujours attentif aux intérêts de sa circonscription et du département, il s'était acquis une situation prépondérante au Conseil général où il était écouté et où ses avis avaient une incontestable autorité.

M. du Halgouet appartenait à la droite conservatrice. Jamais il ne songea à dissimuler la ferveur de ses opinions monarchistes et la franchise même de ses convictions forçait le respect de ses adversaires les plus déclarés.

Mais au-dessus de ses opinions politiques M. du Halgouet plaçait la Patrie et la Religion. Fils respectueux de l'Eglise, patriote ardent, on peut dire qu'il voua sa vie aux causes les plus nobles.

Ses fils, dignes héritiers d'un aussi généreux caractère, surent magnifiquement faire leur devoir pendant la guerre. Deux d'entre eux tombèrent au Champ d'honneur. Il nous souvient que membre de la Commission de l'armée, M. du Halgouet aimait à visiter le front, à aller le plus près possible des tranchées, comme pour se rapprocher davantage de ceux qu'il pleurait...

La mort de ses fils l'avait durement affligé... et la douleur eut raison de l'énergique et grand lutteur dont l'Ille-et-Vilaine regrettera la sage expérience, la fermeté des principes et l'âpre et mâle éloquence.

M. du Halgouet laissera l'impérissable souvenir d'un parfait gentilhomme, d'un cœur d'or toujours compatissant aux petits, d'un grand chrétien et d'un grand Français.

Nous nous inclinons respectueusement devant sa mémoire et nous prions sa famille, si cruellement éprouvée depuis quelques années, d'accepter ici nos hommages et nos condoléances.

E. D.

Éloge funèbre

Prononcé par M. DESCHANEL, Président de la Chambre des Députés

(Séance du 3 avril 1919)

MES CHERS COLLÈGUES,

Encore un deuil, contre-coup de la guerre. Le lieutenant-colonel du Halgouet, député d'Ille-et-Vilaine pour l'arrondissement de Redon, vient d'être enlevé à l'affection de ses compatriotes qu'il représentait ici avec un profond dévouement depuis près d'un quart de siècle.

En 1870, le jeune officier avait combattu avec les héros dont le sublime sacrifice arrachait à Guillaume Ier son cri fameux : « Ah! les braves gens! » (*Très bien! Très bien!*)

Vingt-cinq ans plus tard, il apportait ici les nobles vertus de sa chère Bretagne, un patriotisme ardent, une âme chevaleresque et loyale.

En 1914, et pendant toute la durée de la guerre, ses trois fils, héritiers de sa vaillance, combattirent à leur tour ; deux périrent à la tête de leurs hommes, frappés l'un et l'autre d'une balle au front. Comme le père, ils affrontèrent la mort avec la sérénité que leur donnaient la pratique des vertus militaires et la grande espérance que la foi met au cœur des chrétiens. (*Applaudissements.*)

Le père, maintenant, est allé rejoindre les fils. Déposons sur la tombe du soldat de 1870 les citations glorieuses de 1915 et 1917. Que ces grands Bretons, que ces bons Français reposent en paix, dans leur fière Bretagne, sous le rayon de la Victoire ! Et que leur cendre fasse lever de nouvelles moissons de fidélité, de patriotisme et d'honneur. (*Vifs applaudissements.*)

NOTES BIOGRAPHIQUES

La nouvelle de la mort du lieutenant-colonel du Halgouet, emporté si soudainement le mardi 1er avril en son château du Brossay, à Renac, a causé dans toute la région redonnaise, et bien au delà, une véritable consternation.

Sur la brèche depuis 1895, le vaillant député d'Ille-et-Vilaine était une personnalité des plus en vue, admirée, honorée, estimée, aimée de tous.

On rendait hommage en lui à la grandeur d'âme, à la droiture de caractère, à la loyauté du soldat sans peur et sans reproche, de l'homme d'action, du patriote clairvoyant, du travailleur infatigable, du chrétien champion de la cause religieuse.

Né le 11 décembre 1847, au château où s'était fixé son père, il fit de brillantes études au collège Saint-Sauveur de Redon, cette institution à l'histoire de laquelle sa vie devait rester si profondément attachée, et qu'il a sauvée du naufrage à une époque de persécution douloureuse.

Un sang généreux coulait dans ses veines, et il ne fit que suivre les aspirations de sa noble famille en s'engageant dans la carrière militaire qui répondait à sa nature ardente.

Doué des plus belles qualités du cœur et de l'esprit, il avait été au collège un élève remarquable : « Je n'ai jamais rencontré, dans ma longue vie de professeur, me disait un jour un de ses anciens maîtres, une aussi belle intelligence ».

Des facultés si vives au service d'un tempérament laborieux lui permirent d'aborder de front le concours de Saint-Cyr et de Polytechnique et d'être admis aux deux écoles dans un tout premier rang. Bien que deuxième à Saint-Cyr, il opta pour « Polytechnique » et se trouvait comme lieutenant d'artillerie à l'Ecole d'application de Metz quand la guerre de 1870 le jeta, tout jeune encore, dans la bataille. Mais la valeur de nos officiers et l'héroïsme de nos soldats ne pouvaient alors triompher... ; il connut, après la défense de Metz, les rigueurs de la captivité, en Hanovre. Son âme s'y trempa pour la revanche.

Aussi, au lendemain de cette guerre malheureuse, fut-il de ceux qui travaillèrent de toutes leurs forces au relèvement militaire de la France, et furent les premiers artisans de la victoire de 1918.

Nous ne suivrons pas le brillant officier, successivement attaché à l'état-major de plusieurs généraux, dans les étapes rapides (capitaine en 1873, chef d'escadron en 1886) qui le conduisirent au grade de lieutenant-colonel (1893), ni dans sa vie de garnison, au Mans, à Brest, à Bourges, à Angers, à Vannes, où il a laissé le souvenir d'un « chef » dans toute l'acception du mot, en qui ses camarades appréciaient la parfaite distinction du gentilhomme, la valeur professionnelle et le charme de l'esprit, et d'un entraîneur d'hommes qui s'était imposé par sa décision, sa justice et sa bonté.

Mais le chef et l'entraîneur d'hommes que le lieutenant-colonel du Halgouet avait été dans l'armée, il était appelé à le devenir dans le monde plus agité de la politique, et, c'est attiré par cette vocation d'exercer son activité dans une sphère plus vaste, à l'heure où il fallait des hommes trempés pour une lutte âpre, qu'il demanda sa mise à la retraite, pour se consacrer avec une énergie passionnée à la défense des grandes et justes causes.

La franchise de ses opinions monarchistes et sa profession de foi de catholique rallièrent facilement, le 5 mai 1895, les suffrages sur son nom, et le colonel du Halgouet était envoyé par 10.913 voix au Parlement, où il ne cessa plus de représenter l'arrondissement de Redon avec 14 ou 15.000 voix à chaque élection, et 13.000 quand un concurrent osait se mettre en ligne.

Du haut de la tribune, M. le Président de la Chambre a rappelé, à grands traits, la carrière du distingué député. D'autres pourront dire ce qu'il fut à cette Assemblée: travailleur opiniâtre et ponctuel, consacrant la totalité de son zèle et de ses efforts à la défense des grands principes comme la liberté religieuse en premier lieu, aux solutions des problèmes sociaux, aux intérêts de l'armée, de l'agriculture et de l'industrie; quand il prenait la parole, c'était avec l'éloquence du soldat, éloquence rude, étayée de fortes pensées et d'arguments incisifs.

Jeune officier, M. le vicomte Maurice du Halgouet s'était allié, il y a une quarantaine d'années, à une de ces vieilles familles lorraines qui sont les remparts de notre Patrie, en épousant Mlle Alice de l'Espée; on retrouve l'épée symbolique des armoiries sur le granit du magnifique nouveau Brossay construit sur l'emplacement de l'ancien château; on retrouve aussi, dans un harmonieux intérieur, la marque de beautés notées avec un véritable souci de l'art, ici et là où le colonel du Halgouet était passé. Le Brossay, sous sa direction, devint une résidence modèle, et la propriété, en s'agrandissant, répandit la prospérité au milieu d'une population choyée de travailleurs agricoles.

Sous son administration magistrale, commencée en 1898, la commune de Renac devint rapidement florissante. Mais la députation et la mairie ne suffisaient pas à absorber une activité débordante : dès 1895, le canton de Redon l'avait envoyé siéger au Conseil général, où il n'a cessé de tenir pendant un quart de siècle une place prépondérante. Sa compétence dans les questions administratives et la loyauté de son attitude politique lui avaient acquis dans les assemblées comme dans le pays une juste considération, et celui qu'on connaissait à des lieues à la ronde sous cette appellation respectueusement familière : « le Colonel », fut bientôt le pivot autour duquel évoluait en quelque sorte toute la vie politique de la région redonnaise.

C'est à la lumière de sa claire conception des choses, de ses vastes connaissances, de son expérience et de sa sagesse qu'on venait chercher les meilleurs conseils, résoudre les problèmes ardus, et engager les initiatives dans la voie du succès presque toujours assuré.

Sa puissance méthodique du travail, aidée d'une prodigieuse mémoire, s'est exercée ainsi pendant vingt-cinq années, sous les formes les plus variées. Mais on peut affirmer que son grand intérêt se porta plus particulièrement sur la question de l'enseignement libre. Il faudrait des volumes pour dire combien il s'est dépensé et tout ce qu'il a fait pour créer des écoles, pour assurer leur fonctionnement et sauver de l'anéantissement de grands établissements comme le collège Saint-Sauveur, le Cleu, au prix d'une persévérante action personnelle et de « gestes » dont on ne connaîtra jamais l'étendue.

Il avait des biens de la terre : cette richesse il en a disposé surtout au profit des autres; jamais aucune œuvre, aucune société ne fit appel en vain à sa générosité inépuisable et combien discrète.

Sous des dehors où subsistait quelque chose de la rigidité militaire, se cachait une âme sensible, d'une exquise et infinie délicatesse, compatissante envers toutes les infortunes et toutes les misères, aussi bien morales que physiques.

Le plus minime intérêt de ses administrés ou des personnes qui s'adressaient à lui lui tenait à cœur au point qu'il ne prenait de répit que quand il avait obtenu le résultat désiré, sans ménagement de sa peine ni de ses démarches.

*
* *

La terrible guerre de 1914 ne pouvait surprendre son patriotisme avisé : il avait, en 1913, pris une part active au rétablissement de la loi de trois ans. Ses fils répondirent au premier appel de la Patrie avec toutes les forces de leur volonté et toutes les ardeurs de leur foi, guidés par le sublime esprit de sacrifice qu'ils tenaient de leur père trop chargé d'années pour remettre en main son épée. Mais le colonel du Halgouet les suivait pour ainsi dire pas à pas dans l'accomplissement de leur devoir sacré, allant fréquemment jusque dans la zone de combat se réchauffer au contact de leur admirable énergie.

Pourquoi faut-il que fût nécessaire au salut commun le sacrifice de ces deux héroïques soldats, en qui leur père avait placé si légitimement l'espoir de perpétuer son œuvre et à qui l'opinion attribuait déjà les plus importantes destinées?... Maurice du Halgouet, caporal au 41e d'infanterie, tombait le 8 septembre 1915, et son frère, le capitaine Yves (passé, sur sa demande et comme son aîné, dans l'infanterie), le 30 avril 1917, tous deux frappés d'une balle au front et laissant, chacun, un fils aux soins d'une veuve éplorée.

Deux coups terribles pour le pauvre père, qui porta leur deuil, le cœur brisé, mais l'âme haute.

La Providence aime à éprouver ceux qu'elle choisit. Il n'avait pas fini de boire à la coupe d'amertume. En août 1918, sa fille aînée, Mme de Villeneuve, succombait, brusquement ravie à l'affection de cinq petits enfants, dont le père, prisonnier, souffrait, en Allemagne, d'une captivité trop longue.

Il ne restait plus des cinq enfants que ceux qui s'étaient voués au service de Dieu : la religieuse, de l'ordre des Franciscaines, et le prêtre, lui aussi mobilisé.

Ce nouveau déchirement atroce devait abattre un septuagénaire qui n'eût pas eu l'énergie du colonel du Halgouet, mais le grand-père voulait vivre pour les sept petits-enfants près desquels il avait à remplacer les chers disparus. Il refoula au fond de son âme meurtrie son immense chagrin pour accomplir jusqu'au bout sa mission, jusqu'au bout travailler, et jusqu'au bout faire le bien, aimant, dans les moments de solitude, à lire un ouvrage qui ne quittait plus sa table de travail et bien caractéristique par son titre : *Consolations pour les cœurs dévastés.*

Il continuait d'aller à Paris chaque semaine, partageant son activité et son affection entre son devoir parlementaire et le foyer désolé de sa belle-fille, qui élève un orphelin dans la plus pure piété maternelle.

Dans l'intervalle, à Renac, ses obligations de maire l'absorbaient beaucoup, car il ne négligeait aucun détail de l'administration devenue plus compliquée à mesure que se prolongeait la guerre, faisant presque tout par lui-même, et trouvant encore le temps de rédiger chaque mois le *Bulletin Paroissial* qui allait porter aux « poilus » du pays le réconfort et soutenir au plus haut degré leur moral.

Ce qui n'empêchait pas le député et le conseiller général de suivre attentivement et personnellement toutes affaires de ses fonctions, de répondre avec une précision toujours documentée à des milliers de lettres (allocations, situations militaires, etc., etc.), sans parler de la direction de toutes les œuvres auxquelles il continuait de donner l'impulsion par son concours le plus dévoué.

C'en était trop pour un homme de cet âge qui commençait sa tâche avant le jour et la prolongeait très avant dans la nuit.

Il y a succombé.

Ayant ressenti, le 30 mars, les premières atteintes du mal, il présida quand même son Conseil municipal, travailla malgré la fatigue dans son cabinet.

Alité le lendemain, — c'était une journée perdue pour le labeur, — il fit venir le mardi son secrétaire, afin de liquider la besogne quotidienne et, jusqu'au dernier instant, il travailla, avant d'exhaler, sans souffrance, le dernier souffle sous le regard confondu de son admirable femme, qui était à ses côtés, l'entourant de ses soins éclairés et de son affection pieuse.

Les dernières pensées du colonel du Halgouet avaient été pour les glorieux morts de la grande guerre à qui il s'occupait d'élever un monument dans le cimetière de Renac. Il reposera près du tombeau collectif, à l'abri de la croix qu'il a si bien servie, et au milieu du souvenir des combattants dont il a eu du moins le grand bonheur de saluer la victoire.

En terminant ces notes trop brèves, qu'il me soit permis de rappeler un éloge qu'un ancien supérieur du collège Saint-Sauveur, le R. P. Orain, faisait de lui si justement lors d'une réunion d'Anciens Elèves, lorsqu'il disait · « *Dieu lui a tout donné; il a su tout lui rendre* ».

Cette belle parole résume à la fois le caractère et la vie de celui que nous pleurons aujourd'hui, trop tôt ravi à la vénération de tous et dont la disparition cause un vide incommensurable au milieu de regrets unanimes.

Pierre RIAUX.

(*Nouvelliste de Bretagne*, 5 avril 1919.)

Les Obsèques

Le samedi 5 avril eurent lieu les funérailles à Renac. Elles furent triomphales. On ne vit jamais plus grandiose manifestation de sympathie et de gratitude. Comment redire la grandeur, l'émotion pénétrante du spectacle qu'offrait la foule consternée, accablée de même qu'au premier instant où elle reçut la soudaine nouvelle de la mort de celui qu'elle s'était depuis vingt-cinq ans donné pour chef, et qui, pleurant, s'était rassemblée de toutes parts pour lui rendre les suprêmes honneurs et payer en prières sur son cercueil une part de la dette qu'elle a contractée envers lui?

Par un de ces contrastes bizarres qui voulut faire comme plus éclatante l'entrée dans l'éternité du grand homme de bien, un soleil magnifique éclairait la tristesse générale.

Outre MM. les Sénateurs, Députés et Conseillers généraux présents, presque toutes les municipalités de l'arrondissement étaient représentées.

C'est à travers ce flot immense de peuple que M. le chanoine Lechoux, curé-doyen de Redon, fit la levée du corps et présida le cortège s'acheminant vers l'église qui, remplie à déborder tout autour, ne put recevoir qu'une faible partie de l'assistance.

La plupart durent s'associer du dehors aux supplications solennelles que l'Eglise, par la voix d'une centaine de ses prêtres accourus de toutes les paroisses de l'arrondissement, fit monter vers Dieu pour celui qui, toute sa vie, l'avait servie et défendue.

*
* *

DISCOURS de M. le Chanoine JOUZEL
VICAIRE GÉNÉRAL

Après l'évangile, M. le chanoine Jouzel, vicaire général, représentant Son Eminence le Cardinal-Archevêque de Rennes, monta en chaire et recommanda aux prières l'âme de M. le vicomte Maurice de Poulpiquet du Halgouet, dont il énuméra les titres, en ajoutant :

BIENFAITEUR INSIGNE DE TOUTES LES ŒUVRES
PAROISSIALES ET DIOCÉSAINES
ET, EN PARTICULIER, DE L'ENSEIGNEMENT CHRÉTIEN.

Je ne viens pas ici, continua-t-il, prononcer en forme l'éloge funèbre du vénéré défunt : l'assistance réunie dans cette église et celle, plus nombreuse encore, que le manque de place retient au dehors, dit plus éloquemment que tout discours quels étaient les mérites de celui que nous pleurons et de quelle profonde sympathie nous apportons l'hommage.

Quelque bien que j'en pourrais dire, d'ailleurs, chacun de vous en connaît plus que moi, et je ne saurais avoir la prétention de traduire comme il faut votre peine. Tous, en effet, vous êtes bien réellement en deuil. Et non pas vous seulement, mais toute la région. Ces tentures funèbres qui descendent sur le cercueil, il me semble qu'elles s'étendent aujourd'hui sur chacune de vos maisons, sur votre commune dont le colonel du Halgouet fut le maire vigilant — en même temps que de sa paroisse le très discret Conseiller, — sur l'arrondissement dont il fut l'âme pendant vingt-cinq ans, sur le pays tout entier.

Oui, c'est bien un de ses plus loyaux serviteurs que la Patrie vient de perdre. Une voix autorisée l'a dit à la Chambre, du fauteuil de la présidence ; et ce nous fut à tous une grande joie de voir qu'il n'était pas possible d'évoquer le souvenir du cher défunt sans le faire en termes chrétiens. O France bien-aimée, toi à qui jadis il offrait si noblement son épée et sa vie, et à qui il a fini par donner bien davantage, le sang de ses fils, toi pour qui il n'a cessé jusqu'au bout de travailler et de combattre, comme il conviendrait que tu vinsses en ce moment déposer sur son cercueil une branche de tes jeunes lauriers et la Croix de guerre qu'il a si bien gagnée !

A son digne Commandeur de Saint-Grégoire, l'Eglise, elle, sait, à deux genoux, apporter les prières de sa reconnaissance ; et regardez par quelle imposante couronne de prêtres elle est ici représentée ! A les voir défiler tout à l'heure, n'aurait-on pas cru un cortège de funérailles épiscopales ? Et, au vrai, qui donc plus que ce vaillant fut en toutes circonstances et le père des pauvres et le gardien vigilant de tous les intérêts qui lui furent confiés ? Ce sont là des bontés que personne n'oubliera, et moins que personne l'Autorité diocésaine qui sait quels auxiliaires elle trouve dans cette noble demeure où, pour être plus complète, la charité se faisait des deux mains.

Quant à vous, chers habitants de Renac, vous avez plus que d'autres le devoir de garder le souvenir de cette vie. En perdre de vue les enseignements et les exemples serait déchoir. Au contraire, ce sera votre honneur d'être fidèles à ces traditions, et mieux encore de les transmettre à vos enfants. Il ne faut pas qu'ils ignorent, en effet, ces chers petits, que s'ils ont joui du bonheur de l'éducation chrétienne, — eux comme bien d'autres, et des grandes écoles aussi bien que des petites, — c'est pour une bonne part à celui dont nous entourons la dépouille mortelle qu'ils en sont redevables.

En sa mémoire priez, petits enfants, pour tous ceux que vous-mêmes vous avez perdus et qu'il unissait dans une même affection. Et en priant pour lui, priez aussi pour ceux qu'il pleurait en silence. La victoire enfin venue, il se proposait, suprême consolation, de faire sur la tombe de ses glorieux fils un prochain pèlerinage. Le bon Dieu lui avait réservé quelque chose de mieux : il a lui-même réuni son âme à l'âme de ses enfants...

En terminant son émouvante allocution, qui fit couler bien des larmes silencieuses, M. le Vicaire général dit qu'il était tout spécialement chargé d'apporter la bénédiction de Son Eminence ; il pria M. l'abbé du Halgouet d'être l'interprète de l'Autorité diocésaine auprès de sa vénérable mère et de tous les siens, et de les assurer qu'un tribut de prières se perpétuera à la mémoire des chers défunts.

Après les dernières prières, au bord de la tombe, de magnifiques discours furent prononcés par MM. le Sous-Préfet de Redon ; Porteu, député ; Brager de la Ville-Moysan et de Lariboisière, sénateurs.

*
* *

DISCOURS de M. le Sous-Préfet de Redon

Dans ces jours d'inconsolable douleur pour cette notable famille qui durant la guerre a donné deux de ses fils à la Patrie, ce nouveau deuil si inattendu atteint encore notre région.

S'il m'échoit aujourd'hui l'honneur de venir saluer, au nom de l'Administration préfectorale d'Ille-et-Vilaine, le cercueil de M. le député du Halgouet, membre du Conseil Général et maire de Renac, c'est qu'ici en effet dans ce pays de Redon, et surtout dans cette commune qui occupait une place privilégiée dans ses soucis et ses affections, sa brusque disparition sera particulièrement ressentie.

M. du Halgouet était bien souvent pour l'Administration de cet arrondissement un collaborateur d'une activité toujours en éveil, absolument inlassable, tant il était soucieux, au prix surtout d'un travail personnel considérable, de rechercher les grandes solutions des problèmes sociaux.

Si la guerre fut la pierre de touche des gens de cœur, si, parti des carrefours les plus opposés de la politique, on se retrouve toujours entre bons Français sur le chemin de l'honneur et du patriotisme, je ne fus donc pas surpris de voir alors M. le député du Halgouet servir avec la même vaillance d'antan les œuvres de solidarité.

Pour ma part, je n'oublierai jamais avec quelle généreuse cordialité, dès le début des hostilités, il accueillit dans cette commune les Belges et nos malheureux compatriotes réfugiés. Depuis, lui dont le cœur était brisé par le chagrin, il se multipliait toujours dans l'intérêt des uns et des autres ; aussi je suis certain d'être l'interprète de leur gratitude à tous et j'ai le devoir de lui en formuler l'hommage.

Puisque ces actes de solidarité parlent d'eux-mêmes, je ne saurais mieux faire qu'en invoquant les belles paroles de M. le Président de la Chambre des Députés, et le Conseil municipal de Renac les inscrira certainement à la page d'honneur de ses délibérations ; et, avec M. Deschanel, avec toute cette assistance, je m'incline devant la dépouille de celui qui fut un bon Français, un bon patriote.

*
*

DISCOURS

Prononcé par **M. PORTEU**, député.

Mesdames,
Messieurs,

C'est à défaut d'un collègue mieux qualifié que m'est échu le grand honneur de rendre ici publiquement hommage à la mémoire de notre ami, le lieutenant-colonel vicomte Maurice de Poulpiquet du Halgouet, Officier de la Légion d'honneur, Commandeur de Saint-Grégoire-le-Grand, maire de Renac, conseiller général et député d'Ille-et-Vilaine, président du groupe parlementaire de la droite.

M. René Brice, doyen des députés d'Ille-et-Vilaine, président du Conseil général, m'a prié de dire combien il regrettait que son grand âge ne lui ait pas permis de concilier les fatigues d'un voyage particulièrement long et difficile avec les obligations impératives qui le retiennent en ce moment à Paris. Le marquis de Kernier, député de Vitré, membre du groupe parlementaire de la droite, est en voyage et n'a pas pu être touché à temps par la nouvelle de notre deuil. Puisse l'amitié que témoignait à mon père le vénéré collègue que nous pleurons, amitié qu'il avait bien voulu reporter sur moi, inspirer à mon cœur reconnaissant les paroles qui doivent être dites, au nom de tous, devant cette tombe.

Retracer la vie du colonel du Halgouet est aisé ; décrire son œuvre défie l'entreprise. Sa vie fut simple, droite, d'une unité à laquelle se reconnaissent la clarté de l'esprit et la volonté constante du devoir. L'œuvre est immense et multiple, comme toutes celles que rend fécondes jusqu'au miracle l'association des forces humaines et de la grâce divine. Pour vivre ainsi en beauté, pour agir en associé de la Providence, il faut avoir beaucoup reçu et se dépenser tout entier.

Les plus anciens amis, les plus vieux camarades du vicomte du Halgouet savent qu'il se fit remarquer à l'Ecole Polytechnique par d'éminentes qualités de l'esprit et une rare générosité du cœur. La guerre de 1870 lui fut spécialement dure. Après avoir pris part aux combats autour de Metz, il y fut capturé avec l'armée encerclée. Ce désastre, qui devait être décisif, pesait à tel point sur ses souvenirs qu'il ne parlait jamais qu'avec une sobriété déconcertante de la guerre qu'il avait faite, de son évasion menée à bien peu de temps avant l'armistice ; le secret des journées d'héroïsme demeurait impénétrable dans son âme d'élite, et l'obsession de la défaite lui faisait porter avec une sorte de tristesse sa rosette d'Officier de la Légion d'honneur.

Après avoir pris part, sous le commandement du général Berge, à la réorganisation de notre artillerie, quand il crut qu'il ne verrait pas la revanche de nos armes, du Halgouet quitta l'armée pour l'action publique.

Quel fut son rôle dans ce pays, au Conseil général, à la Chambre? Il ne suffit pas pour en juger de rappeler son dévouement à ses fonctions de maire; ses travaux importants au Conseil général, où il sauvegarda si souvent de la façon la plus efficace les intérêts économiques de la région; ses interventions nombreuses à la Chambre, principalement au cours des discussions d'ordre militaire; ses initiatives aux Commissions de l'armée, des pensions, de la législation fiscale, du travail, pour ne parler que des dernières législatures. Souvent suivi, toujours écouté, il eût pu sans effort s'imposer davantage, mais il n'était pas de ceux qui le font inutilement, sans pouvoir partager les responsabilités gouvernementales. Aussi, pour trouver la mesure de l'homme de bien que nous avons perdu, faudrait-il, en outre, dénombrer la foule de ceux qui l'ont aimé pour ses conseils, sa charité, son dévouement aux œuvres qu'il a fait vivre pendant sa longue carrière bienfaisante. Combien d'enfants de ce pays qui lui doivent un peu de leurs vertus publiques ou privées; combien, depuis le 1er août 1914, qui sont morts dans les tranchées à côté de ses fils, et lui ont su gré, dans un instant de suprême clairvoyance, de la flamme intérieure qui consumait leur douleur et transfigurait leur sacrifice.

La mort successive de ses deux fils : le caporal Maurice du Halgouet et le capitaine Yves du Halgouet, tous deux glorieusement tombés à l'ennemi après avoir quitté volontairement leurs affectations premières pour s'engager dans des unités combattantes, commença le martyre d'un père, dont la haute énergie devait cependant connaître une épreuve plus tragique encore, s'il est possible, puisque plus imprévue et surajoutée aux deux autres. Il faut que Dieu veille, pour que l'âme ne vacille pas au bord de pareils abîmes de douleur. Avec Dieu, veille aussi quelquefois le peuple de France. Toutes les familles de ce pays, quelque lourde à porter qu'ait été souvent pour elles-mêmes leur propre gloire, entourèrent leur représentant et son illustre famille de la plus chaude, de la plus affectueuse sympathie.

Depuis son triple malheur notre pauvre grand ami se survivait à lui-même, mais, sous un aspect extérieur inchangé, la lumière, qui avait longtemps brillé pour le bien et la joie de la terre, cherchait maintenant le chemin du Ciel. Dans ses conversations, il n'allait plus aussi rapidement au fond même des choses, avec cette décision brusque qui déconcertait ceux qui le connaissaient mal, et qui n'était faite que de vive intelligence, de loyauté, de modestie : qualités charmantes de ce grand seigneur. J'hésitais à scruter ses pensées, de peur de les heurter, et cependant bien peu d'hommes de la génération de mon père m'avaient témoigné toujours une aussi grande bienveillance intellectuelle. J'aurais aimé pourtant, depuis que la République nous a rendu Strasbourg, interroger ce monarchiste de conviction et de sentiment ; savoir, pendant qu'il en était temps encore, comment, après le drame de ces quatre dernières années, il reclassait les divers éléments de la vitalité française ; l'entendre accorder à chacun, dans la France nouvelle, la part de victoire qui lui semblait équitable « *Salva justicia* », selon la forte expression de Léon XIII. Mais les questions s'arrêtaient sur mes lèvres ; trop de douleur avait traversé cette âme pour l'exposer désormais aux controverses humaines.

Je me souviens de notre dernière conversation. Le Colonel me parlait de la Réforme électorale. Il avait passé très vite sur le côté théorique de la question, car il connaissait bien mon opinion générale. Il voulait en venir à parler des conséquences de la réforme dans le département ; contrairement à son habitude, il hésitait ; ses pensées, d'ordinaire si claires, semblaient voilées d'une timidité nouvelle ; j'en fus frappé, et, depuis, j'ai pensé qu'à cet instant il songeait peut-être que l'avenir est à Dieu seul.

Heureux ceux qui poursuivent ainsi, jusqu'à leur dernier souffle, au soir d'une longue vie, une œuvre désintéressée avec une conscience sans reproche. Les plus belles paroles d'espérance entendues au cours des siècles veulent que la gratitude des hommes les précède aux portes de l'éternité.

C'est dans ces sentiments, et aussi dans leur dévouement coutumier aux œuvres de charité si noblement suscitées dans ce pays, que Mme la vicomtesse du Halgouet, M. l'abbé du Halgouet, Mmes du Halgouet, M. Le Bastart de Villeneuve, des petits-enfants tendrement aimés, MM. Hippolyte et Frédéric du Halgouet, tous ceux qui pleurent, trouveront la force de porter leur épreuve.

Puissent-ils aussi trouver quelque consolation dans la sympathie unanime dont ils sont entourés. Je suis mandaté, faute d'un plus digne, pour leur en apporter ici l'hommage, au nom de nos collègues de la Chambre, des populations de ce pays, des amis innombrables dont la douleur est silencieuse.

Au nom de tous, je vous dis : « Adieu », cher collègue et ami vénéré, lieutenant-colonel vicomte du Halgouet, grand et bon Français. Je m'incline profondément devant votre tombe, et, devant Dieu, ma prière fervente invoque pour vous le témoignage des multitudes.

DISCOURS

Prononcé par M. BRAGER DE LA VILLE-MOYSAN, sénateur.

MESDAMES,
MESSIEURS,

Je viens, au nom de mes collègues du Sénat, MM. Lemarié, Jénouvrier, qui se sont trouvés dans l'impossibilité de venir à cette triste cérémonie, aussi bien qu'en mon nom personnel, déposer sur la tombe de M. le colonel du Halgouet, député de Redon, l'hommage respectueux de nos sentiments profondément attristés et de nos plus sympathiques regrets.

Il fut pour nous tous un ami sûr et un puissant appui ; pour moi spécialement je n'oublierai jamais les sentiments d'affection cordiale dont il m'honorait, depuis le moment où s'étaient établis entre nous, avec des relations de voisinage immédiat, des rapports plus intimes encore d'amitié personnelle et de confraternité politique.

La nombreuse assistance qui entoure son cercueil prouve le deuil immense que cause dans l'arrondissement de Redon tout entier la mort de celui qu'il avait si justement choisi comme représentant et comme chef.

Et ce deuil n'est que trop justifié, car la perte est irréparable.

Le colonel du Halgouet était dans la plus haute acception du terme un homme supérieur.

Deux mots me paraissent résumer d'une manière parfaite son caractère et sa vie.

Il était grand et noble en tout, grande intelligence, grand cœur, puissante activité, loyauté chevaleresque, sentiments élevés. Il avait toutes ces qualités morales au plus haut degré, et, comme pour les compléter, sa haute taille, sa belle allure, sa dignité qui inspirait un sympathique respect reflétaient physiquement la grandeur de son âme.

Issu d'une de ces vieilles familles bretonnes chez lesquelles les idées d'honneur et de dévouement à la Patrie se sont si bien incorporés à un noble sang qu'elles sont devenues la nature même, le vicomte Maurice de Poulpiquet du Halgouet se tourna tout naturellement dans sa jeunesse vers la carrière des armes.

Il fit la campagne de 1870, puis ensuite conquit successivement ses grades jusqu'au moment où il sentit qu'une sphère plus grande d'activité pouvait s'ouvrir devant lui.

C'èst alors qu'il revint dans son pays natal et que la liberté d'action qui lui était rendue allait lui permettre de dépenser d'une manière si brillante et si utile au pays ses belles qualités de travail et d'initiative, sa haute culture intellectuelle et ses larges connaissances.

La Providence lui avait accordé les dons de la fortune, dons funestes parfois pour des âmes insuffisamment trempées, mais que lui ne considéra jamais que comme un moyen de décupler l'action de ses nobles facultés en lui procurant la possibilité de faire un plus grand bien.

A la conception égoïste de la richesse qui n'y voit qu'une source de jouissances personnelles, du Halgouet, avec son sens profondément religieux, préféra la conception chrétienne qui y voit la source de plus de devoirs que de droits, et ces devoirs il s'appliqua à les remplir dans toute leur plénitude.

Il se fit l'intendant du bon Dieu ; sa générosité était sans bornes ; pas une œuvre de bien, pas une misère vraie ne venaient inutilement frapper à sa porte ; l'arrondissement de Redon tout entier sait quelle perte il fait par la mort d'un si insigne bienfaiteur.

Il était d'ailleurs admirablement secondé dans cette tâche par la noble femme qui avait uni sa vie à la sienne.

Comme lui, Mme la vicomtesse du Halgouet ne cesse de répandre à pleines mains autour d'elle les trésors de sa générosité et de son grand cœur. Elle est depuis un quart de siècle la providence des pauvres du pays, des orphelins et des plus déshérités ; pendant la guerre elle s'est avec un inlassable dévouement et l'activité la plus admirable consacrée aux soins des blessés, contribuant puissamment avec son mari à créer dans tout le pays autour du nom de « du Halgouet » une auréole chaque jour plus brillante de reconnaissance et d'admiration.

Vous savez mieux que moi, Messieurs, ce que fut le colonel du Halgouet comme député de Redon.

Avec une remarquable faculté d'assimilation, il s'était rapidement mis au courant des questions administratives ; que ce fut comme maire de Renac, comme conseiller général ou comme député, il savait de suite comment trancher une question, où s'adresser pour soutenir les intérêts de ses mandants.

Il le faisait avec la grande autorité qui émanait naturellement de sa personne et obtenait facilement la reconnaissance des droits qu'il avait à défendre.

Son activité était puissante, inlassable ; il ne laissait aucune affaire inachevée et obtenait toujours les solutions les plus rapides.

Comme tous les hommes politiques des dernières années, il eut de vives luttes à soutenir. Il s'y montra toujours chevaleresque et loyal, portant haut et ferme, sans compromission, le drapeau de ses idées, affirmant avec une indéfectible fidélité ses convictions religieuses et ses espérances politiques.

Il fut toujours vainqueur.

Ce n'était que justice, ses adversaires eux-mêmes le reconnaissaient et ne pouvaient s'empêcher d'éprouver pour lui un respect mêlé de sympathie ; aussi l'on peut dire de lui qu'il est mort sans avoir eu d'ennemis.

La terrible guerre qui vient de se terminer par notre splendide victoire a fait sur le front d'innombrables victimes, elle en a fait d'autres aussi à l'arrière par une répercussion trop naturelle, hélas !

Le colonel du Halgouet est de celles-ci.

Deux de ses fils, héritiers de ses traditions militaires, tombèrent successivement pour la France, glorieusement, face à l'ennemi, dans les tranchées du front. L'obus qui les frappa ne les atteignit pas seuls, il blessa du même coup le cœur de leur père ; si celui-ci trouvait dans son patriotisme comme une sorte d'arrière-consolation à son douloureux sacrifice, il n'en était pas moins cruellement et profondément touché.

Ses deux deuils successifs ne devaient pas, hélas ! être les seuls à l'atteindre ; un nouveau deuil vint par la mort d'une fille tendrement aimée ajouter une nouvelle douleur à tant d'autres douleurs.

Trois fois frappé dans ses affections les plus chères, le malheureux père sentait sa robuste nature minée un peu plus chaque jour par le plus cruel des chagrins qui puisse briser le cœur humain.

Jusque-là cet homme, vigoureux entre tous, était resté malgré les années droit et ferme comme un chêne : ses malheurs successifs furent pour lui comme sont pour le géant des forêts les coups du bûcheron qui l'entame ; il résista aux premiers, le dernier vint à bout de sa robuste constitution ; le chagrin avait brisé en lui les ressorts de la vie : comme le chêne tranché, il s'abattit brusquement. Un grand cœur avait cessé de battre ; une grande vie était finie.

Mais le souvenir en restera à tous ceux qui l'ont connu, — qu'il a obligés, — qu'il a soutenus et qui l'aimaient.

Ils ne l'oublieront pas et leur reconnaissance se manifestera longtemps par ce mot que j'ai déjà entendu de bien des lèvres, et qui résume magnifiquement l'estime et l'admiration que l'on a pour lui : « Le colonel du Halgouet ne sera jamais remplacé. »

Dormez en paix, ami cher et vénéré : fidèle à votre foi religieuse, vous avez été toute votre vie un bon serviteur de Dieu, — fidèle à vos principes politiques, vous avez été toute votre vie un bon serviteur de la Patrie et un grand citoyen, — fidèle à tous vos devoirs, vous avez été durant les vingt-cinq années de votre vie politique un grand exemple et un grand bienfaiteur pour les populations dont vous étiez le digne représentant et le chef respecté.

Que Mme du Halgouet, que vos enfants, que vos petits-enfants, que tous ceux qui vous pleurent trouvent dans le souvenir de vos vertus et du bien que vous avez fait une grande consolation à leur douleur, en pensant que vous jouissez maintenant, près de Dieu, des récompenses éternelles qu'il a promises à ceux qui ont passé en faisant le bien.

DISCOURS

Prononcé par M. DE LA RIBOISIÈRE, sénateur.

MESSIEURS,

Nous voici réunis pour accompagner à sa dernière demeure un homme dont la loyale figure ne s'effacera pas de la mémoire de ceux qui l'ont connu.

Je n'ai pas l'intention de retracer la carrière militaire du vicomte du Halgouet. Ancien élève de l'Ecole Polytechnique, il avait fait la campagne de 1870 comme officier d'artillerie et avait été fait prisonnier à Metz. Il avait quitté le service avec le grade de lieutenant-colonel. Je parlerai surtout de la vie politique de mon ancien collègue, j'ose même dire de mon ancien ami, car je fus souvent honoré de sa bienveillance et je ne saurais oublier l'accueil plein de bonté qu'il fit à ma candidature au Sénat.

Député depuis 1895, conseiller général depuis autant d'années, M. du Halgouet représenta sans interruption pendant près de vingt-cinq ans le pays de Redon à la Chambre et dans notre Assemblée départementale.

Membre de la Commission de l'armée, il prit une part active à toutes les grandes discussions militaires. Il fut aussi membre de la Commission de législation fiscale.

Ceux qui ont été mêlés à son intimité savent les services qu'il a rendus. Sa bonté, sa générosité étaient proverbiales. De relations très sûres, il restait toujours le même et cette attitude inspirait à ses adversaires l'estime, à ses amis la confiance. Nombreux furent ces derniers.

Il apportait dans la pratique de son mandat une sorte de rigidité qu'il devait sans doute à ses antécédents militaires. Jeune, il avait appris à obéir aux ordres de ses chefs, et par la suite, fidèle à ses anciennes habitudes de soldat, il obéissait aux suggestions de sa conscience, comme aux ordres d'un supérieur avec lequel on ne discute pas. De là, l'unité de sa vie politique.

Ferme et loyal, telle fut la devise de celui que nous pleurons aujourd'hui.

M. du Halgouet fut un ardent patriote. Son âge ne lui avait pas permis, pendant cette affreuse guerre, de mettre son expérience de soldat au service de la France. Mais il a donné à la Patrie plus que son expérience, plus que son sang, il a donné la vie de ses deux fils. Tous deux sont tombés glorieusement à l'ennemi, l'un était capitaine, l'autre engagé volontaire après avoir été exempté du service. Si je rappelle ici ces tristes souvenirs, c'est que nous ne devons pas séparer la mémoire du père de celle de ses glorieux enfants.

Au nom du Conseil général, au nom de M. Brice, son président, qui m'a particulièrement chargé de l'excuser ici, à Mme la vicomtesse du Halgouet, à ses deux belles-filles, à ses enfants si douloureusement éprouvés, à toute sa famille, j'adresse ici l'hommage de nos regrets et de nos respectueuses condoléances.

Exécrable guerre qui nous a enlevé les meilleurs, les plus vaillants, les plus purs ; leur enveloppe périssable est retournée à la terre sacrée qu'ils ont défendue. Leur mémoire restera vivante dans nos cœurs et la leçon qu'ils donnent est immortelle comme la France.

Mon Colonel, vous avez eu du moins cette consolation suprême de voir la fin de cette guerre.

Vous avez, selon la belle expression de Kipling, vu se lever le huitième jour ! le jour attendu par tous ceux qui avaient foi dans la justice de Dieu. Vous avez vu la France victorieuse, et vous voyez aujourd'hui, dans un monde meilleur, dans un monde où on ne connaît plus la haine, la violence et le crime, tous ceux qui, avec vos chers fils, ont combattu le bon combat et qui reçoivent maintenant leur récompense éternelle.

Adieu ! mon Colonel, adieu !

TÉLÉGRAMME
de M. le Marquis de KERNIER, député.

M. le marquis de Kernier, député d'Ille-et-Vilaine pour l'arrondissement de Vitré, eut la grande douleur de ne pouvoir assister à la cérémonie de Renac. Surpris en voyage par la triste nouvelle de la mort inopinée de son vénéré collègue, et n'ayant aucun moyen d'être présent aux obsèques, il avait adressé télégraphiquement à M. le comte de Gouyon, député du Morbihan, le texte des paroles d'adieu qu'il eût aimé à prononcer au cimetière, en le priant d'en donner lecture. La dépêche ne parvint pas à temps. En voici la reproduction :

MON CHER COLONEL,
MON BIEN CHER AMI,

Ce n'est pas un discours que j'apporte ; ce n'est pas non plus un — nouvel — hommage, adressé à l'homme éminent, si charitable et si bon, dont Dieu nous sépare.

C'est une humble et fervente prière qui m'amène, après avoir en hâte parcouru une partie de la France pour pouvoir la déposer sur la tombe qui à l'instant va se fermer.

Vous unirez, Mesdames et Messieurs, vos ardentes supplications à la mienne. Elles formeront le faisceau accompagnant notre dévoué ami près de la Justice Divine, qui ne s'exercera, nous en avons tous l'espoir, que pour récompenser ses hautes vertus, mais que la foi nous invite néanmoins à religieusement redouter.

MON CHER DU HALGOUET,

Vous étiez l'âme de cet arrondissement de Redon, auquel vous aviez consacré votre vie. Votre accueil si cordial, vos conseils si sûrs, qui vous y faisaient aimer, ne connaissaient pas la limite d'une circons-cription.

Combien de fois il m'a été donné d'en faire la personnelle expérience, depuis le jour où vous aviez cru devoir si amicalement insister, afin de vaincre les légitimes appréhensions me faisant hésiter à entrer dans la vie politique. Soyez-en une dernière fois remercié, si j'ai pu, en suivant vos vues, accomplir quelque bien.

Tel un roc devant lequel se brisent les flots se dressaient vos convictions, votre amour de nos vieilles gloires, votre certitude qu'elles refleuriraient.

Vous étiez l'inébranlable soutien de ces patriotiques espérances, et votre valeur doublait l'appoint que vous leur apportiez. Ah ! il n'est pas que vos intimes à pleurer votre absence ; dans le pays entier votre nom vivra, synthétisant l'alliance profonde et féconde de la persévé-rance, de la droiture et du courage.

Ici, c'est une région entière qui vous accompagne au séjour du repos. — L'émotion soulève les cœurs — tous, mon Colonel, nous souffrons et tous nous prions.

Au revoir, veillez encore sur nous.

Service d'Octave à Redon

Le service d'octave, célébré solennellement le 10 avril en l'église paroissiale de Redon, fut, comme les funérailles de Renac, une grandiose cérémonie, qui se déroula en présence d'une foule innombrable emplissant les vastes nefs et confondue dans une manifestation renouvelée de respectueuse sympathie et de reconnaissance.

Des deux côtés du catafalque monumental et en avant duquel étaient épinglés les insignes du vénéré défunt, avaient pris place les élèves de l'Institution Saint-Sauveur, ceux du Pensionnat Saint-Joseph, les enfants des écoles libres, les petites orphelines, etc.

Dans le chœur, soixante prêtres unissaient leurs prières à celle de l'officiant.

M. le Curé de Redon fit la recommandation de l'âme, s'associant avec les accents d'une éloquence profondément émouvante aux justes hommages rendus à Renac à l'homme de bien, au grand chrétien et au grand Français que fut le colonel du Halgouet.

Au Collège Saint-Sauveur

A la séance de clôture du trimestre scolaire, le samedi 12 avril, M. le chanoine Bertrand, supérieur du collège Saint-Sauveur de Redon, tint à retracer, en présence de tous les élèves réunis à la Salle des Fêtes, les principaux traits du noble caractère et de la belle carrière du défunt, dont il donna en exemple à son jeune auditoire les qualités, les mérites et les vertus :

Une terrible épreuve, dit-il, celle que nous avions le plus à redouter, telle que nous ne voulions pas y penser, vient de s'abattre sur nous : la mort de M. le colonel du Halgouet.

Que ne puis-je vous tracer ici un portrait fidèle de ce véritable Salvatorien, modèle achevé de ce que nous souhaitons que vous soyez un jour? Vous y verriez un chrétien sans peur et sans reproche, remplissant sans faiblesse comme sans ostentation ses devoirs religieux comme le moindre des fidèles; — un chrétien convaincu, respectueux des droits de l'Eglise et de son enseignement, s'interdisant toute critique à ce sujet; — un chrétien généreux, donnant abondamment de sa fortune et de son activité pour soutenir les œuvres, surtout d'éducation; — un chrétien charitable et modeste : un vicaire me racontait ces jours derniers qu'il y a peu de temps encore il lui avait dit : « Signalez-moi les détresses que vous rencontrez dans votre ministère; je vous donnerai de quoi les soulager. Je n'y mets qu'une condition, c'est que mon nom ne soit pas prononcé. »

L'homme n'est pas moins admirable que le chrétien, ou mieux, ces vertus religieuses recouvrent les qualités humaines les plus appréciées dans le commerce de la vie; une loyauté parfaite, une droiture qui ne s'est pas démentie. Il était incapable de biaiser, même pour obtenir de bons résultats. Je l'ai entendu flétrir, avec quelle énergie! des conduites légèrement obliques, des sous-entendus qui eussent été à la rigueur permis. — Une fidélité à toute épreuve, qu'il porta dans ses relations comme dans ses convictions politiques. Du reste, ses idées ne lui enlevaient point la compréhension des problèmes nouveaux; nul n'eut mieux que lui l'intelligence de son temps. Dans les relations, on pouvait compter sur sa parole, quand il l'avait une fois donnée : même s'il avait à se plaindre de la conduite de ses amis, il leur restait fidèle...

Son intelligence, très vive, s'enrichissait chaque jour des apports d'un travail acharné. Il se tenait, malgré la charge accablante de ses occupations extérieures, au courant de toutes les questions. Il avait le goût artistique le plus pur et le plus averti...

Je n'en finirais pas de vous énumérer les belles qualités qui ravissaient en lui, pour peu qu'on eût l'honneur d'être admis dans son intimité. Ce qu'il a été pour Saint-Sauveur, on ne saurait l'oublier.

C'est lui qui, en 1903, alors que le collège devait fermer ses portes, fonda une Société qui le prit à bail et le remit aux mains de S. E. le

Cardinal Labouré, archevêque de Rennes, en lui demandant des professeurs pour le diriger.

Là ne se borna pas son action de sauveur : au bout de quelques années, le collège fut mis en vente par le séquestre qui l'avait confisqué : la Société fondée par lui ayant épuisé ses ressources, il l'acheta pour son propre compte et seul le soutint pendant des années de pénible existence.

Il ne se contentait pas même de lui donner ces marques d'intérêt essentiel ; il descendait dans le détail, offrait aux professeurs des livres, présidait des distributions de prix. Il s'intéressait aux jeux, et cette année encore il avait fait un don généreux à l'équipe de football de la division des grands. Il faisait des conférences au Cercle Saint-Thomas-d'Aquin et n'avait pas de plus grand plaisir que d'assister à nos fêtes. Au premier appel, il était là pour recevoir les nobles personnages qui nous honoraient de leur visite : qu'il était heureux de renouveler à Son Eminence le don qu'il lui avait fait du collège ! Avec quelle délicatesse il haranguait tantôt Mgr Charost, tantôt Mgr Le Fer de la Motte ! Il était là encore, au jubilé du R. P. Dubois, nous faisant applaudir pour la dernière fois, sans le savoir, hélas ! sa verve étincelante. — Au début de la guerre, quel intérêt ne prit-il pas à l'installation de l'hôpital militaire dans les locaux du collège, et que de soucis il se donna pour que soldats et élèves pussent vivre côte à côte sans se gêner !... A la moindre difficulté il accourait, fût-ce même de Paris. Plusieurs fois il adressa, pour des professeurs, à l'autorité militaire des demandes de sursis ou de maintien, uniquement, il est vrai, en conformité avec les règlements militaires, car il professait nettement que chacun devait être à son poste.

N'est-ce pas une chose admirable, et pour nous d'un prix infini, que ces minimes préoccupations au milieu de si grandes affaires, qui n'en étaient point négligées ?

... Conseiller général, il ne négligeait pas les intérêts de la région : dans les jours mêmes de sa mort, il avait fait des démarches pour obtenir la reprise des travaux sur les lignes de tramways commencées avant la guerre. — Mais c'est surtout Renac qui fut l'objet de ses soins pendant ces dernières années : il trouvait là, sans quitter la retraite relative qu'appelait son âme endolorie, l'emploi d'une activité dont la nature et sa conception de la vie lui faisaient un besoin et un devoir. Quand la mobilisation lui eut pris son secrétaire, il s'occupa d'en former un lui-même, et avec lui ne cessa de s'occuper de toutes les questions : réfugiés, réquisitions, ravitaillement... Et plus encore qu'un administrateur excellent, il fut un appui moral pour la population. Point de deuils, qu'il ne fût le premier à porter aux familles des consolations d'autant plus efficaces qu'elles venaient d'un cœur qui avait fait l'expérience de la douleur. Les soldats de la commune lui écrivaient, et il répondait à tous ; à leurs permissions ils ne manquaient pas de l'aller voir ; il les suivait au front.

Tel fut, dans la moindre part de sa vie, le bienfaiteur que nous pleurons. Il est pénible de penser qu'il ne sera plus là pour nous aider et nous soutenir. Il ne doit pas mourir tout entier. Souvenez-vous, jeunes Salvatoriens, de ce Salvatorien modèle, pour devenir, comme lui, des chrétiens fervents, des hommes instruits, actifs, des hommes admirables.

———— ⊣⊢ ————

Éloge funèbre

Prononcé au Conseil général d'Ille et-Vilaine par M. René BRICE, président.

(Séance d'ouverture de Session, 28 avril 1919)

Comment rendre à la mémoire de notre collègue du Halgouet l'hommage qui lui est dû ?

Ancien élève de l'Ecole Polytechnique, il prit part brillamment comme officier d'artillerie à la guerre de 1870 et avait atteint, lorsqu'il a quitté l'armée, le grade de lieutenant-colonel.

Retiré dès lors à Renac, notre collègue n'a plus quitté sa commune que pour venir assister aux séances de la Chambre des Députés où il représentait, depuis mai 1895, l'arrondissement de Redon : les électeurs du canton de Redon l'avaient élu conseiller général le 28 juillet de cette même année 1895, en remplacement de M. de Trogoff.

Royaliste et catholique, fidèle toute sa vie à ses opinions et à sa foi chrétienne, du Halgouet était immuablement attaché à ses convictions conformes aux traditions de famille.

Entouré au Conseil général, comme à la Chambre, du respect et des sympathies de tous, ses mandants avaient en lui un défenseur éclairé et tenace de leurs intérêts et de leurs droits.

M. du Halgouet avait trois fils. Tous les trois, pendant la cruelle tourmente que nous venons de traverser, ont servi la France avec la même abnégation. Deux d'entre eux, après avoir mérité les plus belles citations, sont morts au champ d'honneur ; peu de temps après eux, en août 1918, il avait perdu une fille qu'il adorait.

Sa ferme croyance en une autre vie, et l'espoir de retrouver dans un monde meilleur ses chers disparus, lui donnèrent la force de supporter sa douleur, mais il en demeura profondément meurtri.

Il a succombé en pleine activité, le 1er avril. Le 25 mars, six jours auparavant, j'avais reçu de lui une lettre m'entretenant d'une demande qu'il comptait soumettre au Conseil général au cours de notre présente session.

Sa mort a profondément ému le département tout entier. Il avait 72 ans.

Ardent patriote, du Halgouet a été témoin de la victoire ; il n'assistera pas, hélas ! à la conclusion de la paix si impatiemment attendue !

A Mme la vicomtesse du Halgouet et à ses enfants, nous adressons nos plus profondes et nos plus douloureuses condoléances. (*Applaudissements.*)

Le Vicomte MAURICE

DE POULPIQUET DU HALGOUET

Caporal

Engagé Volontaire a la Mobilisation
Passé, sur sa demande,
Du Service Automobile au 41ᵉ Régiment d'Infanterie

Décoré de la Croix de Guerre

Tombé au Champ d'Honneur, au Four-de-Paris,
Le 8 Septembre 1915, a l'âge de 31 ans

Le Vicomte Maurice DU HALGOUET

(14 Août 1884 — 8 Septembre 1915)

Maurice du Halgouet naquit au Mans en 1884. Il fit ses études au collège Saint-Sauveur à Redon, et aux Postes, d'où il sortit admissible à Saint-Cyr.

Puis il passa quelques années à l'Université d'Angers, faisant des études sur l'agriculture, vers laquelle le portaient ses goûts et son désir d'être utile à la région qu'il devait habiter. Il aimait à occuper ses loisirs en perfectionnant son instruction par des études continuelles que sa modestie et sa réserve empêchaient trop souvent de faire valoir. Mais plus précieux encore que ces dons de l'esprit étaient : sa foi, son dévouement à l'Eglise et à la Patrie, et l'inflexible droiture de sa conscience. Il était un de ces hommes chez lesquels le sentiment du devoir domine tout, qui estiment qu'on doit y obéir, dût-on perdre mille vies, et qui, élevés au-dessus d'eux-mêmes par la fermeté de leurs principes, n'ont besoin que d'une occasion pour devenir des héros. Cette occasion ne manqua pas à la vie de Maurice du Halgouet, et on le vit s'élever à l'héroïsme si simplement, si naturellement, qu'il ne parut même pas s'en apercevoir.

Au moment de la mobilisation, Maurice du Halgouet se trouvait classé dans le service auxiliaire, mais, devançant l'appel, il contracta un engagement volontaire au 41ᵉ régiment d'infanterie. Il y remplit, avec l'exactitude qu'il apportait à toutes choses, ce service si nouveau pour lui, et c'est presque avec regret qu'il le quitta, à la fin de septembre, pour être classé dans le service automobile. Après avoir fait plusieurs voyages dans l'intérieur de la France, il fut envoyé à Châteauroux où il resta pendant trois mois.

Loin de se réjouir d'être un peu à l'abri du danger par la nature de ces nouvelles fonctions, il en éprouvait une peine réelle. Sans cesse sa pensée le conduisait vers ces tranchées où les soldats de son pays enduraient les plus grandes épreuves. Simple fantassin, il partagerait tout : privations, souffrances, danger, et son âme délicate et avide du dévouement, qui donne tout dans le sacrifice obscur mais complet de soi-même, n'eût plus qu'un désir : revenir au 41ᵉ d'infanterie, encourager ses camarades par sa présence et son exemple. Sa résolution s'affirma dès lors fermement et il en fit part aux siens dans une lettre émouvante et persuasive qui s'attachait à montrer que sa place n'était plus au service automobile pendant cette guerre, mais bien « sur la ligne de feu, où tant de braves souffrent et meurent ».

Un de ses cousins, le retrouvant peu après sur le front, écrivait à cette occasion :

Je ne puis m'empêcher de vous dire l'estime et l'admiration si grande que j'ai eues pour Maurice en apprenant sa décision. Il est toujours beau et noble d'accomplir le dur devoir qui nous est imposé, et c'est ce que nous faisons tous dans notre famille. Mais celui qui, pour les plus légitimes raisons, est dispensé de prendre place parmi les combattants et qui, malgré toutes les difficultés, arrive à occuper un poste périlleux, celui-là fait preuve de la plus belle générosité et de la plus héroïque force d'âme. Maurice n'a pas pris une place quelconque de soldat, il a choisi à la fois la plus humble, la plus pénible et dangereuse, par conséquent la plus méritoire.

C'est pour cela qu'au fond de moi-même, je lui garde une respectueuse admiration et son sacrifice consenti avec une simplicité et une générosité héroïques reste profondément gravé dans mon souvenir.

Ce n'est, en effet, qu'après de nombreuses démarches repoussées et réitérées, qu'en avril 1915, Maurice du Halgouet obtient de retourner au 41° d'infanterie. Renvoyé au dépôt, à Rennes, il put revivre pour la dernière fois quelques jours de cette douce vie de famille qui faisait son plus grand bonheur.

Trois semaines après, il part pour les tranchées de Roclincourt, froidement résolu, mais n'ignorant rien de ce qui l'attend.

Et, le sacrifice ainsi accepté, les yeux ouverts, est le plus grand qu'un homme puisse faire : celui d'une vie utile et heureuse, la joie de voir grandir son enfant, le bonheur d'aimer et d'être aimé à son foyer de la plus profonde affection. Il donne tout cela pour son pays avec cette fermeté généreuse que seule la foi peut inspirer.

Ayant à décrire à son père, quelques jours après son arrivée au front, un terrible et, hélas! très meurtrier bombardement qu'il vient de subir en première ligne, il ajoute simplement :

« Je suis heureux d'être ici, je m'en serais voulu de ne pas « prendre une part active à une pareille guerre. »

Sa manière de comprendre la vie du combattant et d'en pratiquer les sublimes obligations l'ont fait tout de suite apprécier de ses chefs. Un ancien professeur de l'école Saint-Joseph de Redon, devenu officier, blessé deux fois, rend témoignage à un de ses amis « de la noble simplicité, du « courage tranquille avec lesquels M. du Halgouet accomplit « son devoir dans les tranchées, ce qui le remplit lui-même « d'une véritable admiration ».

Un autre écrit :

Le capitaine T..., très ardent et adoré de ses hommes, m'a fait un vif éloge de M. du Halgouet qui a refusé encore d'être affecté soit à un bureau, soit à une équipe spéciale et qui tient à faire son service dans la tranchée avec ses camarades. Il ne doute pas que ce bel exemple soit excellent pour les hommes.

Le capitaine T..., disons-le en passant, était tué le 17 juin, à côté de Maurice du Halgouet qui, lui-même, fut enseveli par un obus. On put heureusement le délivrer à temps.

Le lendemain, au repos, un peu en retrait des lignes avec sa compagnie, Maurice eut la joie de revoir son père, et, lui parlant de tout et de tous, il n'omit qu'une chose : lui raconter le danger auquel il venait d'échapper. Seule, la quantité anormale de boue qui recouvrait ses vêtements le trahit.

Brave en face de la mort, il montrera le même « allant » dans les cantonnements de l'arrière en s'astreignant avec empressement aux besognes les plus pénibles de la vie militaire, si opposées à celles qui avaient été les siennes jusque-là :

C'est un soldat admirable, écrit un de ses officiers, exact jusque dans les moindres détails et toujours un modèle de courage et d'entrain.

Maurice du Halgouet n'a pas la moindre ambition ; pourtant sa valeur et ses mérites ont forcé l'attention : il est nommé caporal peu de temps après et envoyé en Argonne. Là, comme en Artois, il échappe plusieurs fois à la mort, comme par miracle, mais sans doute a-t-il déjà le pressentiment du sort qui l'attend et dont il se confie à l'un de ses amis : « Ce sera « bien de la chance si cette guerre se termine sans que je sois « blessé, et je serai bien heureux si je puis revoir les miens ».

Hélas ! il ne devait plus les retrouver. Le lieutenant commandant la compagnie annonçait en ces termes à son père sa mort glorieuse et le sacrifice héroïque qui l'avait précédée :

Le 8 septembre, après deux heures de bombardement, les Allemands, par suite d'un repli de nos troupes à notre gauche, viennent nous prendre à revers. Grâce aux Bretons du 41ᵉ, nous pûmes rester sur nos positions ; mais ayant eu des renseignements urgents à faire parvenir au chef de bataillon, je vins à la tranchée où était votre fils et lui donnai un message à porter au commandant. Il me demanda comme une faveur de ne pas quitter son escouade, et ce fut un autre caporal qui partit aussitôt. Je revins quelques instants après, et ce fut à la place où je l'avais quitté quelques minutes avant que je retrouvais son corps. La mort avait été instantanée : une balle l'avait frappé en plein front.

Quelques jours auparavant, un éclat d'obus avait brisé dans la poche de sa ceinture de pantalon sa montre, sans lui faire une seule égratignure. Il m'avait dit qu'il conservait ce souvenir pour l'adresser aux siens dès que nous serions relevés. Hélas ! il n'a pas eu cette joie, et trois jours plus tard vous appreniez sa mort héroïque...

Il me faut ajouter, pour que votre douleur soit moins cruelle, pour que sa perte soit compensée par le souvenir qu'il a laissé ici à la compagnie et près de tous ceux qui le connaissaient, que sa conduite ici fut plus que belle ; une résignation sans nom lui faisait supporter, sans se plaindre jamais, toutes les misères de notre vie.

Montrant à tous le plus bel exemple de courage qu'il y avait à la 12ᵉ compagnie en demandant à demeurer à sa place de combat, il a voulu rester près de ceux qui vivaient auprès de lui. Il a laissé ici un regret profond, et ses camarades sont désolés que, si tôt, la mort soit venue leur arracher le brave qui les commandait.

J'aurais voulu vous voir, j'aurais voulu vous dire tout cela, sa conduite admirable, ses derniers moments : ma lettre ne sera que trop brève, il y a tant à dire et le combat continue...

Le colonel du 41ᵉ écrit lui-même :

Votre fils a été admirable ; il a refusé de quitter ses hommes au moment critique d'un combat à coups de grenades et presque de corps-à-corps, et quelques instants après il était tué. Je l'ai proposé pour une citation qui relatera éternellement son noble sentiment du devoir.

C'est en ces termes particulièrement glorieux que le Général commandant le 10ᵉ Corps d'armée cite à l'ordre du Corps d'armée le caporal Maurice-Marie-Roger du Halgouet, du 41ᵉ régiment d'infanterie :

Chargé par son commandant de compagnie de porter un renseignement au chef de bataillon, a demandé formellement à rester au danger avec ses hommes. A été frappé mortellement quelques minutes après dans une lutte de pétards à laquelle il prenait part personnellement.

Combien je suis de cœur avec vous, écrit aussi le commandant de B..., du 41ᵉ d'infanterie ; l'affection que j'avais pour Maurice et l'admiration que je lui vouais pour le beau geste qui l'avait amené dans nos rangs m'associent douloureusement à votre peine.

Il est mort en héros et en martyr du devoir qu'il avait voulu pousser jusqu'à l'extrême. Honneur à lui ! et courage à vous, mon Colonel, si cruellement touché par ce sacrifice fait à la Patrie. De tels sacrifices ne peuvent pas ne pas compter dans le plateau de la victoire.

Vaillant soldat, le caporal du Halgouet fut aussi un vrai chrétien. Une belle lettre de M. l'abbé L..., lieutenant au 41ᵉ, devenu plus tard capitaine et décoré de la Légion d'honneur, rend cet hommage à sa foi :

Je viens du cimetière de Florent où j'aime à faire mon pèlerinage et à m'arrêter sur la tombe de votre cher disparu pour y prier.

Les âmes des héros tombés au Champ d'honneur parlent toujours au cœur du prêtre qui les a connus et les aime pour l'éternité. L'âme du caporal du Halgouet me rappelle de si pieux souvenirs, tant de générosité, de sacrifice ! J'ai eu la joie de le rencontrer et aussi de le recevoir bien souvent dans mon terrier. Il y venait prier chaque fois qu'il le pouvait et ne manquait jamais de communier « au son du canon », comme il le disait. « Rien ne vaut, me confiait-il, une messe dans un terrier sous les obus ; je prie ici comme nulle part ailleurs », et il ajoutait ces mots : « Quand j'ai communié, je me sens capable de tout. »

Ce fut le 6 septembre que j'eus pour la dernière fois l'occasion de prier avec lui, de le bénir. Dieu sait le reste, mais je peux vous affirmer que la mort ne l'a point surpris. Soldat sans peur et chrétien sans reproche, il s'était habitué à la regarder en face : « Quand Dieu voudra mon sang, ma vie, je suis prêt », ce sont ses paroles. Oui, il était prêt...

« Le sacrifice ne me coûte pas, m'avouait-il encore quelques jours avant de mourir. Je suis tellement heureux que je ne songe même pas à souffrir. »

Sa mort fut pour moi un rude coup ; je le désirais à ma compagnie, il pouvait y faire tant de bien. Hélas ! Dieu permet ce qui arrive, mais je ne suis pas à mon premier regret. Le prêtre s'attache surtout aux âmes pour l'éternité, aussi soyez assuré que je n'oublie pas l'âme du grand héros que vous pleurez. Son sacrifice si généreux restera toujours pour moi un exemple vivant que je me ferai un devoir de citer si Dieu me prête vie.

Un service solennel fut célébré à Renac, sa paroisse natale, à laquelle il était profondément attaché et dont les soldats parlaient de lui en termes si touchants : « C'était un frère pour « moi, écrit l'un d'eux, c'est une mort qui m'a frappé dur. Et « pourtant j'en ai vu tomber ! mais pas pour me frapper » ainsi ».

Cette cérémonie donna lieu à une émouvante manifestation de regrets et de sympathie envers l'héroïque soldat et sa famille si éprouvée. L'église était trop petite pour contenir les paroissiens de Renac et la foule venue des communes voisines ; plus de cinquante prêtres se pressaient dans le chœur. On put voir par centaines les fidèles offrir avec ferveur à Dieu une communion pour le repos de l'âme de leur cher compatriote. L'éloge de sa conduite héroïque fut prononcé en termes saisissants par M. le chanoine Orain, ancien supérieur du collège Saint-Sauveur de Redon, qui le termina par ces belles paroles :

O France, sur la poitrine de ce vaillant, épingle ta Croix de guerre. Elle est bien à sa place, car elle est le magnifique symbole de l'honneur et du sacrifice. Et n'oublie jamais que ceux-là qui l'ont le mieux servie sont ceux qui, fidèles aux traditions de leur famille, de leur éducation chrétienne, n'ont jamais rougi du signe de la croix gravé sur leur front au Saint-Baptême, toujours dévoués à l'accomplissement de leurs devoirs de chrétiens, au milieu de ces combats incessants dont la palme est aux cieux.

Le Vicomte YVES

DE POULPIQUET DU HALGOUET

MAIRE DE SAINT-JUST

CAPITAINE ADJUDANT-MAJOR

ANCIEN LIEUTENANT AU 25ᵉ DRAGONS

PASSÉ, SUR SA DEMANDE, AU 70ᵉ D'INFANTERIE

UNE BLESSURE

CHEVALIER DE LA LÉGION D'HONNEUR

CROIX DE GUERRE

CITATIONS AU RÉGIMENT, A LA DIVISION ET A L'ARMÉE

TOMBÉ GLORIEUSEMENT AU CHAMP D'HONNEUR

AU MONT-BLOND (MASSIF DE MORONVILLERS)

LE 30 AVRIL 1917, A L'ÂGE DE 31 ANS

Le Capitaine Yves DU HALGOUET

(1er Mars 1886 — 3o Avril 1917)

Première année de Campagne.

Yves-Marie-Charles de Poulpiquet du Halgouet était né le 1er mars 1886, au Mans, où son père tenait garnison comme chef d'escadron d'artillerie. Vite il redevint Breton. Nous le trouvons à Redon, d'abord une année chez les Frères ; de là à Saint-Sauveur, deux ou trois ans à Paris, et derechef à Saint-Sauveur, d'où il passa ses baccalauréats et où il suivit un vague cours de Saint-Cyr dont il était l'unique élève, de terribles migraines lui ayant interdit le travail sévère et régulier des écoles préparatoires de la rue des Postes et même de Saint-Vincent. En dépit de cette instabilité scolaire, il fut et resta toujours un Salvatorien de goût et de race, un fidèle « ancien Redonnais » (comme ses deux frères).

Empêché donc de poursuivre ses études de Saint-Cyr, il saisit l'occasion qu'offrait la loi de 1905 de conquérir rapidement le grade d'officier de réserve.

Engagé volontaire au 24e dragons à Dinan, en octobre 1906, maréchal des logis aux cours de Lunéville, sorti en tête de cette promotion, il se trouvait, au troisième semestre de son service militaire, sous-lieutenant au 25e dragons, à Angers. Il quittait le service actif le 1er octobre 1908 et épousait la noble femme qui porte si dignement son nom, le cœur brisé, mais l'âme haute.

Bien que n'ayant fait que passer dans l'armée, il y avait déjà marqué sa place et profondément ; dès Dinan, dès Lunéville, il avait conquis ses camarades et ses chefs. A Angers, il avait contracté parmi les officiers de l'active, qui le considéraient comme un des leurs, de cordiales et solides amitiés.

C'est que sa nature était non seulement sympathique, mais attachante; l'avoir rencontré c'était désirer de le retrouver. Homme du monde accompli, d'un tact et d'une distinction achevés, musicien doué d'un talent où la nature avait plus de part que l'étude, cavalier émérite pratiquant des concours hippiques, des grands raids Biarritz-Paris, des chasses à courre, des tournois de tennis, il joignait à ces brillants dehors les qualités foncières les plus sérieuses. Il aimait les humbles et les petits, les paysans auxquels il savait parler leur langage, en les rapprochant de lui plus encore qu'il ne se rapprochait d'eux. Cordial avec le sourire, obligeant avec délicatesse, on vint à lui de bonne heure et de tous côtés.

En 1912, dès la première élection qui se produisit après son installation au château du Val, il était nommé d'enthousiasme maire de Saint-Just et se montrait assidu à ses nouveaux devoirs. L'opinion lui attribuait déjà pour l'avenir d'autres mandats... Il était d'autre part choisi comme président de la Jeunesse Catholique de l'arrondissement de Redon. Là comme ailleurs il fut plutôt promis et montré que donné.................

Le coup de foudre de 1914 éclatait...

Arrivé le 2 août au matin à Angers, le lieutenant de réserve Yves du Halgouet en repartait le 5 pour Paris, à la tête d'un peloton du 7e escadron de réserve du 25e dragons attaché à la défense du camp retranché.

L'ennemi approchait, et, le 1er septembre, le peloton du Halgouet était désigné pour reconnaître, entre l'Oise et la forêt de Chantilly, l'avance de la cavalerie allemande. Le 10, il était cité à l'ordre du régiment (régiment mixte de cavalerie) « pour « l'intelligence et l'énergie avec laquelle, à la tête de son « peloton, il a accompli son service de reconnaissance des « colonnes ennemies, du 1er au 7 septembre ». Il écrivait à ce sujet dans ses notes (15 septembre) :

Le 10 septembre j'étais cité avec mon peloton à l'ordre du régiment.

Pendant ces huit jours de déplacement sur l'Oise, le moral et l'esprit des hommes ont été excellents, malgré de réelles fatigues. Ils ont toujours eu le sourire. Je n'ai eu qu'à me louer de mes deux sous-officiers Adeline et Chesneau. Ils ont à plusieurs reprises donné des preuves de décision, d'intelligence et de sang-froid, chacun suivant son tempérament propre. La première rencontre avec les Allemands ayant été heureuse, le moral du peloton en a été très favorablement influencé et nous avons pris de suite un ascendant réel sur les cavaliers ennemis qui avaient fui devant nous à la première rencontre.

Ce qu'il ne dit pas, c'est que si les hommes « ont toujours eu le sourire », c'est qu'ils prenaient modèle sur leur officier.

Ce qu'il ne dit pas, c'est que cette petite campagne lui avait créé dès ce début de la guerre une situation toute spéciale à l'escadron ; ses dragons se seraient fait hacher pour lui ; le peloton du Halgouet était coté hors de pair.

Le plaisant fut que M. Lebureau, qui ne perd jamais ses droits, même pendant la guerre, voulut prétendre, lors de la création de la Croix de guerre, en 1915, et de la révision des citations, qu'il y avait eu non pas « citation », mais « félicitations » et donc pas lieu à Croix de guerre. M. Lebureau dut céder devant le « *tolle* » général. Et le 25 juillet 1915, Yves était décoré de la Croix de guerre (celle attribuée à son peloton figure à la salle d'honneur du 25ᵉ dragons à Angers).

Cette brillante chevauchée, au cours de laquelle il avait chargé sabre au clair sur sa fidèle « Giboulée » amenée de Bretagne, devait être la dernière. Adieu la guerre de mouvement ! L'escadron rejoignait en décembre l'armée Castelnau dans la Somme et prenait les tranchées sur le froid plateau du Santerre, face à Andechy et à Roye, de concert, successivement, avec tous les régiments d'infanterie du 13ᵉ corps d'armée. L'année 1915 devait se passer tout entière dans ces oscillations entre le secteur de Roye et celui de Lassigny.

En janvier 1915, le séjour de la tranchée était moins varié qu'aujourd'hui. Le canon de tranchée se créait, le crapouillot était dans l'enfance, le caillebotis était inconnu ; les grenades provoquaient quasi un sourire ironique, on discutait sur l'utilité des créneaux ; les aéroplanes allemands se montraient discrets.

Sans être de tout repos, ces secteurs restaient relativement calmes. On pouvait méditer dans la tranchée, avec vue sur les fils de fer et sur le « no man's land » où gisaient, encore agrippés au réseau boche, les corps de nos braves du 130ᵉ, tombés au combat d'Andechy du 30 novembre 1914 et qui ne furent jamais ensevelis.

Aux « *poilus d'Andechy* » Yves consacra de suite une ballade, pastiche un peu macabre du « Verger du roi Louys » de Banville. Une autre fois, il écrivait avec la sincérité et la précision d'expression, qui eussent marqué son talent d'écrivain, ses impressions de la nuit :

Soir aux tranchées (15 février 1915).

La nuit se fait presque complète. Son âme mystérieuse descend sur la terre et se glisse le long des tranchées en imprégnant au passage les quelques hommes qui veillent encore. Ceux-ci paraissent des paquets d'ombre, qui dans de nocturnes boyaux feraient les cent pas à la porte d'un tombeau. Leur lourde démarche, encore appesantie par la boue, trouble seule le silence et martèle les heures dans ce calme tout superficiel.

L'esprit est en éveil et les nerfs tendus !

Une tristesse inquiète flotte dans l'air. Le ciel est bas et pâle, il semble que, chargé du poids des morts, il cherche à se rapprocher de la terre. La lune elle-même paraît exsangue !

De temps en temps le bruit sec d'une balle de mitrailleuse qui vient violemment frapper le sol au-dessus de nos têtes, et paraît vouloir fouetter la terre et lui imprimer le cachet métallique de l'ennemi !

Des fusées s'élèvent, percent le ciel et éclairent la solitude. On dirait des pièces isolées d'un feu d'artifice intermittent dont le grand soleil serait réservé pour la Victoire ! Elles s'élancent en conquérantes dans le ciel inondé de lumière, puis hésitent, s'arrêtent, se balancent un instant dans le ciel comme pour saluer d'un dernier coup de lumineux encensoir les quelques morts encore inensevelis qu'elles éclairent de leur lueur blafarde ! Puis, comme épuisées par l'effort, elles retombent dans la nuit triomphante !

L'obscurité après la lumière, l'ombre après la clarté, la tristesse après la joie, c'est bien l'image de la vie !...

... Des hommes passent vêtus de peaux de bêtes ; déformés par l'obscurité, ils semblent des sauvages qui rejoignent leurs cavernes...

Cela c'était, entre autres, un exercice littéraire.

Un travail plus sérieux se faisait entre temps dans son esprit.

La guerre durait, aspirant dans le gouffre effroyable toutes les forces du pays... Yves voyait tous les siens, les neuf ou dix du Halgouet de sa génération, s'y précipiter ; son beau-frère avait été fait prisonnier de guerre ; il avait déjà perdu des amis très chers...

Il sentait que le pays n'était pas au terme de ses efforts, qu'il avait besoin de faire appel à toutes ses ressources, à tous les dévouements. Aimant profondément sa patrie, plus encore peut-être depuis qu'il avait pris contact, à la frontière, avec ces vieilles familles lorraines pour qui le patriotisme est l'existence même et à l'une desquelles, au surplus, il appartenait par sa mère, il entendait ne point se donner à demi, mais tout entier, avec tous les mouvements de son cœur, toutes les forces de sa volonté, toutes les ardeurs de sa foi.

Et, dès janvier 1915, il écrivait au plus intime ami de son père :

... Il me semble que beaucoup de gens se font une fausse conception des choses et se démoralisent en attachant à la vie une importance qu'elle n'a pas.

Il ne doit pas en être ainsi et nous sommes beaucoup qui ne partageons pas cette manière de voir.

Du double point de vue religieux et patriotique notre vie n'a pas grande importance. Du point de vue religieux la mort n'est pas la fin de tout, mais au contraire le commencement ; ce qu'il importe, c'est de s'assurer une éternité bienheureuse. La vie sur la terre n'est qu'un passage, plus ou moins long suivant les circonstances, il faudra toujours mourir. Or, il est plus facile de bien mourir que de bien vivre. Nous autres soldats nous avons des grâces d'état ; le sacrifice de sa vie librement consenti peut être considéré, nous dit le Cardinal Mercier, comme un acte de charité parfaite qui doit faciliter au mort l'entrée du Paradis. C'est une vraie grâce, et sans aller jusqu'à dire qu'il faut se hâter d'en profiter, il est bien plus facile de faire son salut en tombant face à l'ennemi que de se retrouver dans la vie civile aux prises avec les difficultés de la vie, en proie à toutes les tentations et sujet à toutes les faiblesses. Du point de vue religieux purement égoïste, toute question de la souffrance mise à part, nous ne devons pas craindre la mort.

Du point de vue patriotique et purement humain, c'est la même chose. Quel but poursuivons-nous dans la guerre? C'est le Salut de la Patrie. Or, tous nos efforts doivent tendre vers ce but, tous les moyens sont bons pour y arriver et chacun doit consentir tous les sacrifices nécessaires. Nous avons tous un devoir sacré à remplir, et surtout nous les officiers plus que les autres. Or, il n'y a pas de sacrifice plus grand que le sacrifice de sa vie et complet de soi-même.

D'ailleurs, ceux qui tombent au champ d'honneur ne meurent qu'à demi et leur souvenir est conservé pieusement dans l'histoire. Si, en effet, en donnant leur corps, ils contribuent à la libération du sol national, en donnant leur dernier souffle ils travaillent et collaborent à l'âme de la Patrie. Car la Patrie ne vit pas seulement dans le présent, elle est dans le passé par son patrimoine de gloire et dans l'avenir par ses espérances. Et c'est un honneur pour un homme ou pour une famille d'avoir contribué en versant son sang à accroître les glorieuses traditions. Ne croyez pas pour cela que, comme les moines de je ne sais quel couvent, nous ne nous abordons qu'en disant : « Mon frère, il faut mourir. » Loin de là, le moral est bon et la vieille gaieté française et même gauloise ne perd jamais ses droits...

La vraie tristesse de la guerre n'est pas ici, elle est dans les foyers que nous avons quittés, dans les affections que la distance augmente et que l'inquiétude affole. Elle est dans les larmes des épouses et des mères et dans la prière des tout petits. Elle est dans les foyers dévastés que l'on pourra un jour reconstruire, mais qui ne reverront plus la joie, car ils ont été effleurés par l'aile de la mort.

Voilà la vraie tristesse de la guerre et, vous qui vivez au milieu des populations chaque jour éprouvées, vous devez la ressentir vivement.

Peu de jours après, le lieutenant d'artillerie d'A..., avec lequel il s'était lié depuis son arrivée sur ce front, est tué dans son observatoire. Après le service funèbre, célébré à W..., où Yves tient l'harmonium et accompagne le *Dies iræ* chanté par ses dragons angevins et poitevins, il écrit :

Vous me parlez des qualités de l'officier. L'officier a en effet une haute mission à remplir. En dehors de la partie technique et professionnelle, il y a la partie morale qui, dans une guerre de durée comme celle-ci, a une grosse importance, et là plus qu'ailleurs il faut une profonde connaissance du cœur humain.

A propos d'officier, nous avons eu un chic exemple de courage et d'énergie morale donné par l'un d'eux ces jours-ci. Quatre officiers étaient à un observatoire d'artillerie, un obus arrive, en blesse un assez sérieusement et tue les trois autres sur le coup, dont...

L'officier blessé se fait porter au téléphone et continue à régler et commander son tir comme si rien n'était arrivé ! Je trouve cela très beau dans sa simplicité !

Toute la philosophie de la guerre se dégage admirablement de ce triste accident. D'abord la brutalité stupide avec laquelle la mort fauche « *quos eligit* ». Un instant avant, gai, souriant, confiant dans la vie, puis plus rien ! Pourquoi le coup, qui avait 99 chances sur 100 de tomber ailleurs vous atteint-il ? Mystère ! Ne cherchons pas à comprendre, l'esprit recule et se cabre devant de telles épreuves et l'intelligence s'irrite qui voudrait les expliquer. Toute analyse humaine tombe dans le néant. C'est alors que la guerre apparaît bien comme ce qu'elle est, une punition et un châtiment. Il faut des victimes pour l'expiation et des otages pour la victoire.

Mais, à côté de ces tristesses, quel magnifique exemple et quelle belle leçon ! Toute la grandeur et la beauté du métier militaire apparaissent dans ce drame rapide. Deux camarades de la même batterie sont là. L'un tombe de la plus belle mort de soldat, foudroyé à son poste de combat, l'autre se fait porter là où il le faut et continue sa mission.

La voilà la vraie conception du métier militaire qui consiste à faire son devoir quoi qu'il arrive et à remplir sa mission malgré la mort et jusqu'à la mort... inclusivement ! Le voilà bien le rôle de l'officier qui doit donner partout et toujours l'exemple de toutes les vertus militaires et de tous les courages, de manière que les hommes qui l'entourent se sentent enveloppés dans une atmosphère rayonnante d'énergie morale et de sacrifice librement consenti.

C'est alors que la guerre apparaît bien comme ce qu'elle est aussi, la grande école d'héroïsme et le grand foyer où se rallument et se vivifient toutes ces vertus qui nous élèvent et qui nous grandissent.

Non seulement sur le champ de bataille, mais partout dans la France entière, les générations sorties de la guerre et qui auront grandi avec elle auront ressenti toutes ces émotions indicibles et violentes qui secouent et meurtrissent les âmes. Ces générations, frottées d'héroïsme, en sortiront transformées. Tous les jours la France se repaît des belles actions accomplies par ses enfants et cette nourriture lui infuse une vie nouvelle.

Aussi, que ceux qui doivent tomber dans la tourmente, de même que ceux qui y ont laissé la moitié de leur cœur, se rendent compte de l'utilité de leur sacrifice, et qu'ils commencent à en entrevoir les glorieuses conséquences en même temps que les mystérieuses et divines sanctions !

On le voit, le sentiment non seulement de la beauté, mais encore de l'utilité, de l'efficacité, de la nécessité du sacrifice, s'empare de lui et s'impose à lui. Dès lors, qu'une occasion vienne à se présenter, qu'un aliment s'offre à son ardeur de dévouement, l'acte suivra. Et ce fut sa demande de passage dans l'infanterie.

L'Officier de Dragons veut passer dans l'Infanterie.

Dès les derniers mois de 1914, les hécatombes d'officiers d'infanterie dans les batailles de Charleroi, de la Marne, des Flandres, avaient préoccupé le commandement en chef et l'avaient conduit à demander des officiers aux autres armes. Un appel était fait en février 1915 à la cavalerie ; les conditions en étaient mal précisées, on fit même des tirages au sort où le destin se montrait parfois aveugle. Dire que ces ouvertures furent accueillies avec enthousiasme par la masse des officiers de cavalerie, ce serait mal servir la vérité, et faire injure d'autre part à un corps d'officiers très attaché à son arme, à ses glorieuses traditions de vaillance, d'abnégation, d'allant et de discipline... Pour le cavalier qu'était Yves, le sacrifice était grand ! Après l'offensive d'Artois peut-être un nouvel appel fut-il fait par le commandement en chef, peut-être les conditions se précisèrent-elles, toujours est-il qu'en juillet la décision d'Yves du Halgouet était définitive. Il l'affirme dans l'émouvante lettre ci-après adressée à sa courageuse femme :

Juillet 1915.

Je suis toujours décidé à demander l'infanterie, plus je réfléchis ; j'en ai parlé au commandant qui pour me garder m'a offert de me prendre comme adjoint au commandant à la place du capitaine A..., mais j'ai refusé ; d'ailleurs j'aurais refusé en tout état de cause, car, si je restais, ce serait pour conserver mon peloton.

Comme je vous l'ai dit, je trouve que je peux être bien plus utile à la Patrie dans l'infanterie qu'en restant dans la cavalerie. Les risques sont peut-être plus grands, c'est évident, surtout à première vue, quoique si on marche en avant la cavalerie sera probablement sacrifiée. Et puis il y a tellement de gens qui se font une conception petite et étroite du devoir, qui ne cherchent qu'à en faire le moins possible, que lorsqu'on occupe une certaine situation dans l'échelle sociale, où nos actes sont plus en vue, on se doit de donner l'exemple, surtout maintenant où, avec la longueur de la guerre, la lassitude et un certain découragement commencent à se faire sentir.

Et c'est pour cela qu'à l'heure actuelle, faire simplement son devoir, en profitant de ce qu'il ne vous impose que de légers sacrifices, ne me paraît pas suffisant ; je trouve qu'il faut faire un peu plus. La France ne sera sauvée que par le sacrifice. J'en fais un très réel en quittant une vie relativement douce, en me séparant de mon escadron, de bons camarades, de mes chevaux, de mes hommes avec qui je suis depuis plus d'un an et à qui j'avais donné la moitié de mon cœur !

Peut-être ce sacrifice sera-t-il suffisant !

S'il ne l'était pas, s'il en fallait un plus grand et plus complet, vous pourriez vous dire, petit Roger et vous, que j'ai fait tout mon devoir. Mais pourquoi parler de choses tristes, il faut avoir confiance en Dieu : il n'arrivera jamais que ce qu'Il voudra, et j'ai tout à fait confiance en Lui !

Le sort en est jeté.

Un moment on put croire que son projet n'aboutirait pas....

Son frère aîné Maurice du Halgouet, caporal au 41ᵉ, était glorieusement tombé au Four-de-Paris le 8 septembre. Rien de plus touchant que les lettres d'Yves à cette occasion, mais rien de plus significatif aussi que son état d'âme. Il écrit, entre autres, à Jean de Gibon :

La mort de ce pauvre Maurice a été pour nous tous un coup bien dur, surtout pour sa pauvre femme et mes pauvres parents. *C'est une des nombreuses victimes nécessaires pour le salut de la Patrie.* Tous ici nous avons sacrifié nos vies, je dirai presque gaiement, pour le salut de la France. Mais lorsque l'un des nôtres tombe, et que nous apercevons le vide laissé derrière lui, c'est alors que nous comprenons toute la tristesse de la guerre ! Le pauvre Maurice a fait tout son devoir, et plus que son devoir, mais son sacrifice n'est pas perdu et de tels exemples sont féconds. Nous le vengerons !

J'avais demandé à passer dans l'infanterie, au 70ᵉ ou au 270ᵉ, mais cette faveur m'a été refusée, ces régiments ne faisant pas partie de mon armée. Je reste donc dragon, pour le moment, mais espère avoir bientôt l'occasion de faire quelque chose !

Sa demande de passer dans l'infanterie du 10ᵉ corps était donc rejetée. Il aurait pu en demeurer là; c'était le vœu de ses parents, vœu timide, car ils ne méconnaissaient pas la hauteur de ses vues et ne se croyaient pas, si éprouvés fussent-ils déjà, le droit d'arrêter ses élans. Il n'en fut rien. Au surplus, la dissolution annoncée de l'escadron allait brusquer les choses et amener les officiers à faire un choix qui, de la part d'Yves, avait déjà été formellement et hiérarchiquement exprimé depuis plusieurs mois.

Le 10 décembre 1915, il était nommé capitaine au 70ᵉ régiment d'infanterie alors en Argonne et y prenait le commandement de la 5ᵉ compagnie.

A ce tournant de son histoire, on peut dire que les vœux d'Yves du Halgouet, en ce qui touchait à sa situation militaire personnelle, se trouvaient comblés. Sur le front de Picardie il avait parfois regretté de ne rencontrer que de loin en loin quelques trop rares amis bretons, tels Jean Garnier à Demuin, le docteur Bellouard à Moreuil... Au 10ᵉ corps, il retrouvait nombreux des amis de toujours, des camarades et compatriotes comme Paul de Villeneuve, son cousin le lieutenant d'artillerie André du Halgouet, le commandant de Boisseguin, pour qui il professait un véritable culte, les lieutenants Maurice de Jacquelin, Claude de Langle, Henri de Gouyon, le capitaine et le lieutenant de la Bourdonnaye..., au 70ᵉ même, le capitaine de Kérautem, à qui devait l'unir la plus étroite confraternité d'armes, de cœur et de destinée. Il entrait dans l'infanterie par la grande porte, dans ce grade où s'exercent entre tous le commandement où il excellait et la responsabilité qu'il ne redoutait pas.

« La 5ᵉ » était réputée depuis la Marne et l'Artois. Son renom n'allait pas déchoir. Il apportait à la nouvelle arme les ardeurs de son tempérament de cavalier, l'expérience des hommes et du service acquise aux tranchées de l'Avre et du Plémont côte à côte avec les régiments des 25ᵉ, 26ᵉ et 120ᵉ divisions d'infanterie. Et de suite il s'y trouvait à l'aise, soit dans le commandement d'un petit fortin d'où il écrivait le 1er janvier 1916 : « Je crois que j'ai bien fait de passer dans « l'infanterie; il y a de l'ouvrage intéressant à faire aux « tranchées... Je suis très heureux dans mon fortin, j'y ai pas « mal à faire, mais ça commence à être organisé » — soit en première ligne, entre 15 et 50 mètres des Boches, où son poste de commandement fut démoli (4 janvier) par les marmites (secteur de la Houyette).

Au premier moment d'accalmie, il put, à quelques kilomètres au sud-est, apporter à la modeste et glorieuse tombe de son frère aîné l'hommage de son admiration fraternelle et de ses ferventes prières.

Cependant l'offensive allemande sur Verdun se dessinait et, le 22 février, alertés dans leurs cantonnements voisins de Sainte-Menehould, le 70e et son camarade le 270e se dirigeaient vers les alentours de Verdun rive gauche.

Réflexions de Guerre.

Les deux mois qui venaient de s'écouler n'avaient pas été perdus. Le capitaine avait sa compagnie parfaitement en main. Ses officiers étaient d'origines variées et d'aptitudes diverses, mais d'un égal dévouement; officiers et troupe, où les Bretons étaient en nombre, n'avaient pas tardé à se voir conquis par un commandement où la fermeté nécessaire ne faisait pas défaut, mais où dominaient la bienveillance et la bonté. Il suffisait de passer quelques heures près de la 5e pour sentir dans l'attitude des hommes, dans l'accent avec lequel se prononçait le simple mot « le capitaine » tout ce qu'il y avait de respectueuse confiance et d'affectueux dévouement. C'est que le capitaine mettait en pratique sa conception du commandement, telle que, peu après, pendant les loisirs de l'hôpital, il la formulait dans ses notes :

La discipline est indispensable dans une armée, surtout en temps de guerre, mais faites-la la plus intelligente possible ; elle n'aura rien à y perdre. Il nous échappe, aux hommes et aux officiers subalternes, une foule de choses que nous ne pouvons pas comprendre, qui dépendent de circonstances que nous ne connaissons pas et que nous n'avons pas à connaître. Dans toute opération militaire les ordres et les contre-ordres sont inévitables, et il ne faut pas chercher à comprendre. Mais justement, pour obtenir cette confiance absolue dans le commandement dans des moments difficiles et au milieu d'incohérences apparentes, pour obtenir cette obéissance passive qui va jusqu'au sacrifice, il faut que dans la vie de tous les jours le soldat ait senti vraiment un chef. Les hommes ne s'y trompent pas. Le chef qui règle toutes les questions de détail avec intelligence et justice, qui s'intéresse aux hommes, à leur santé physique, morale et qui prend les moyens pour que l'une et l'autre soient conservées, celui-là aura conquis l'affection et la confiance de tous, et dans les moments difficiles il pourra demander le maximum d'efforts et les suprêmes sacrifices. L'obéissance sera facile, car les hommes ne demandent qu'à obéir à qui en est digne et à reconnaître toute supériorité.

Et plus loin :

… Les hommes sont ce qu'on les fait. Ils ont généralement le moral de leur chef. Il y a des hommes dont la présence est un réconfort permanent, qui sont des semeurs de gaieté, dont la bonne humeur est rayonnante et qui façonnent leur troupe à leur image. L'officier est le réservoir moral de la troupe, c'est dans son exemple et par ses conseils que le soldat se retrempe.

… Le chef qui tient dans sa main la vie de ses hommes, qui peut les envoyer à la mort sur un geste, ce chef doit savoir dire de temps en temps les paroles qu'il faut. S'ils savaient, les généraux, ce que peut une seule parole dite à propos, soit dans la tranchée par un encouragement à celui qui souffre, soit au cantonnement par un témoignage de satisfaction à une troupe qui s'est bien conduite au feu ! Ils verraient luire « ce regard de confiance et de remerciement, auprès duquel, disait « le maréchal Bosquet, tout le reste n'est rien ».

… Dans la guerre si longue que nous faisons, les hommes ont besoin qu'on leur parle, qu'on leur dise pourquoi ils sont là, qu'on les entretienne dans l'idée de l'effort, qu'on s'adresse à leur cœur aussi bien qu'à leur raison pour y faire naître et y développer les sentiments de droiture, de bravoure, de dévouement jusqu'à la mort aux chefs, aux camarades, au drapeau. « Ces vertus du soldat, disait l'ancien

« règlement, contribuent au maintien de la discipline plus sûrement
« que la rigueur du règlement et sont à la guerre la meilleure garantie
« du succès. » Point n'est besoin de conférences, mais quelques paroles
simples, familières, provoquées par les incidents de la vie journalière.

Quand on songe à ces hommes qui ont tout quitté, depuis de longs
mois, qui souffrent en silence en attendant de verser leur sang à la
première occasion, comment ne se laisserait-on pas gagner par l'affection
que méritent de tels soldats ? Est-ce que le prestige de l'autorité en
sortira diminué ? Au contraire, il en sortira grandi.

« Je vaincrai, disait Desaix, tant que je serai aimé de mes soldats. »

Il faut se mettre dans l'idée qu'à l'heure actuelle le soldat ne donnera
tout ce qu'on attend de lui que lorsqu'il sera traité avec cette cordialité
et cette affection qui n'excluent en aucune façon la fermeté dans le
commandement. « Les Français, disait un maréchal de l'Empire,
« valent dix fois leur nombre avec un chef qu'ils estiment et qu'ils
« aiment. Ils sont au-dessous de tout avec un général qui ne leur inspire
« ni estime ni confiance. » Beaucoup de choses ont changé depuis la
guerre de l'Empire, mais le cœur du soldat français n'a pas changé.
Ce qui était vrai alors l'est encore plus aujourd'hui où le moral du
soldat est soumis à une si rude épreuve et où l'armée comprend toutes
les classes et tous les âges.

Et pour soutenir ce moral il faut que tout le monde s'y mette. Que
les hommes comprennent la grandeur du sacrifice quotidien, que les
officiers, dans la vie de tous les jours, prêchent d'exemple, que la
confiance s'établisse à tous les degrés dans une estime et une affection
réciproques et que les grands chefs sachent traiter avec justice et bonté
« ces hommes dont la valeur et le dévouement procurent leur succès et
« préparent leur gloire ».

Lorsqu'il écrit : « Il y a des hommes dont la présence est
« un réconfort permanent, qui sont des semeurs de gaieté, dont
« la bonne humeur est rayonnante et qui façonnent leur troupe
« à leur image », tous ceux qui l'ont approché, chefs et camarades, officiers et troupe, l'ont reconnu.

Quant à sa bonté, tous les témoignages la montrent s'exerçant
par le souci constant, discret, délicat des intérêts de ses
hommes, des compatriotes, cela va de soi, mais particulièrement
aussi des originaires de pays envahis, sans communication avec
leurs familles demeurées en régions occupées...

« La 5ᵉ » ne devait l'avoir pour commandant que trois mois.

Le 10 mars au matin, le 1ᵉʳ bataillon du 70ᵉ se trouvait à Marre, au nord des Bois-Bourrus. Après avoir, au cours des tâtonnements des premiers jours de la défense de Verdun (rive gauche), appartenu successivement à des groupements divers, il allait cesser d'être détaché à la 174ᵉ brigade. Le colonel de Laborderie, qui commandait celle-ci, avait réuni, pour leur faire ses adieux, le commandant Blanchard, commandant le bataillon, le capitaine Yves du Halgouet, et ses officiers d'ordonnance, lieutenants André Thome, député de Rambouillet, d'Hérouville et un sous-lieutenant de chasseurs. Le village de Marre avait été, les jours précédents, fortement marmité ; à ce moment il y avait un peu de calme, quand quelques coups de 210 se succèdent : au troisième, la maison entière s'abat sur les six officiers. Le nuage de fumée noire et de platras dissipé, on retirait des décombres, à grande peine sous le bombardement qui continuait, le colonel de Laborderie et le lieutenant-député André Thome, mortellement atteints, le commandant Blanchard, grièvement blessé à la tête, le capitaine du Halgouet au bras gauche, d'Hérouville à la janbe. Seul, le sous-lieutenant demeurait indemne. Le commandant Blanchard et Yves étaient évacués sur Chambéry, d'où le capitaine put être ramené à Paris.

La blessure d'Yves était sans gravité ; néanmoins elle interdisait l'usage du bras gauche et nécessita trois mois d'hôpital et un mois de convalescence.

Pendant cette convalescence, « son vieux collège » le vit au milieu des siens, et fier de donner la main à son cher petit Roger, assister à la première Communion de son neveu, Jean de Villeneuve, et s'honorer de porter la bannière de l'Association des Anciens.

Le séjour du capitaine Yves du Halgouet à l'hôpital fut fructueux, car il en prit occasion pour rédiger et mettre au point des réflexions et notes de guerre. Déjà, aux premiers jours de septembre 1915, il avait écrit, au débotté, *Huit jours de reconnaissance de cavalerie,* rapport plein de verve, de mouvement et de fine observation, brillant de l'ardeur du combat et de l'entrain de la jeunesse. *Vingt jours de campagne autour de Verdun* est encore un récit de guerre, allant jusqu'à sa blessure à Marre. D'autres cahiers lui font suite, d'un objet plus général, sous les titres :

Réflexions de guerre.
Forces morales.
Qu'y aura-t-il de changé après la guerre ?

Œuvres très personnelles par la maturité et l'indépendance du jugement, par l'expérience judicieusement mise à profit. Sévère, à l'occasion, pour « les incapacités qu'on a vu ruisseler », les sottises qui « ont éclaté », pour ceux qu'on a pu voir « gaspiller trop de bonnes volontés, gâcher trop d'héroïsme », il est impitoyable pour la sacro-sainte paperasse et l'envahissement « des notes sur quart ou sur huitième feuille » qui sévissent jusque dans les tranchées, au point que leur abondance ou leur rareté prend figure de critérium. Un jour de mars, devant Verdun, « le commandant B... lui-même n'envoie plus de notes ». Fallait-il que la situation fût grave !

Sévère aussi avec quelque ironie pour les routines et les paresses, pour ceux des camarades de l'active « dont la guerre « a dérangé les habitudes », et qui le laissent voir, pour « ceux « qui n'ont rien appris ni rien oublié », pour les chefs qui, avant 1914, ne savaient ou ne voulaient pas employer les officiers de réserve, — il n'avait pas attendu la guerre pour regretter tout haut ces procédés...

Serait-ce qu'il eût l'esprit chagrin, mécontent ou morose ? Bien au contraire, c'est tout l'opposé de son tempérament fait de bienveillance et d'indulgence; s'il en veut aux maladroits et aux incapables, c'est en raison des conséquences funestes que peut entraîner leur mauvais commandement. Par contre, rendant pleine et entière justice aux vrais chefs qu'il a rencontrés et auxquels il s'attache, et surtout aux fantassins vers qui le porte, après les dangers et les fatigues vécus en commun, le penchant de sa bonté naturelle, « comment, s'écrie-t-il, ne se « laisserait-on pas gagner par l'affection qu'inspirent de tels « hommes ! »

A l'hôpital encore, son grand souci était de se tenir au courant des nouvelles de ses amis et bons camarades du front :

C'étaient d'abord les anciens camarades de l'escadron : le capitaine AURIOL, passé aux chasseurs à pied, grièvement blessé à Douaumont; — le sous-lieutenant SAINT-CHAMANT, emporté de Verdun, lors de l'ouragan du 5 mai, par une « saucisse » vagabonde qui le déposait (prisonnier de guerre) près de Liège; — le lieutenant A. DE LA CH..., passé capitaine dans l'infanterie; — du 25ᵉ dragons encore, son ami SAINTE-CHAPELLE, passé capitaine aux chasseurs à pied, tué à Douaumont, cœur généreux, esprit original s'il en fut; — le capitaine D'ARRAS, tué en Argonne en mars, universellement regretté; — le capitaine DE LA BOURDONNAYE, grièvement blessé en même temps, hospitalisé à Paris comme Yves; — le DUC DE ROHAN, lieutenant de dragons passé capitaine de chasseurs à pied, grièvement blessé à Douaumont, et qui devait mourir au champ d'honneur dans la Somme; — ses amis DU GUERMEUR... et tant d'autres; — entre tous, le commandant DE BOISSEGUIN, qu'il voyait pour la dernière fois à Paris le 17 juin et qui était tué six jours après, à Fleury, dans des conditions analogues à celles où Yves devait trouver, moins d'un an plus tard, la mort des braves...

Vivant avec la pensée des vivants et le souvenir de ses morts, il brûlait de rejoindre ou suppléer les uns, de remplacer les autres, et peu à peu s'affermissait en lui le dessein d'abord, la décision ensuite, définitive, de rejoindre immédiatement le front, et donc de s'affranchir du passage au dépôt, réglementaire lors de la sortie de l'hôpital.

C'est pourquoi le 13 juillet 1916, avec un simple billet de « première militaire » — au grand scandale futur de Monsieur Lebureau — le capitaine du Halgouet rejoignait le 70ᵉ qu'il retrouvait dans le secteur où il était en mars et que le régiment n'avait guère quitté.

Quelque spontané que fût le geste d'Yves, en rentrant directement au front, son exquise sensibilité ne pouvait ne pas s'émouvoir à la pensée des siens, dans les conditions où il les laissait derrière lui, et il écrivait :

Dans la somme de sacrifices individuels et quotidiens qui composent la vie du soldat et en font toute la grandeur, les uns sont purement matériels ; d'autres sont d'ordre moral. Ceux-ci pèseront plus que ceux-là dans la balance de la victoire finale. Tout départ, tout retour de permission est plus pénible que la plus pénible des tranchées. « Partir, c'est mourir un peu ! » Et ces petites morts de l'âme à date fixe, à échéance inexorable, brisent les cœurs et y laissent chaque fois une trace plus profonde. Le sacrifice apparaît alors entier et se dresse devant nous plein d'imprévu et d'angoisse. Et pendant que le train roule vers nos nouvelles destinées, tous les souvenirs et tous les espoirs voltigent confusément devant nos yeux et se noient dans la tristesse du cœur. Mais le vrai soldat ne monte pas seulement la garde devant les tranchées, il la monte aussi devant les défaillances destructives d'énergies, et la grandeur du devoir à accomplir donne la fermeté d'âme qui triomphe de toutes les faiblesses !

Puis, lorsque nous sommes repris par l'ambiance et les occupations quotidiennes, la plaie se cicatrise peu à peu, suivant le milieu où chacun se retrouve au front.

Capitaine adjudant-major au 1er Bataillon du 70e.

Quel devait être ce milieu pour lui ? Son sort devait se décider à la relève qui avait lieu le 15. En attendant, il assistait, le 14, à Ippécourt, à un service pour les morts du 270e.

L'abbé Degrelle, écrit-il, aumônier de la 37e brigade et vicaire à N.-D. des Victoires dans le civil, prononce un très simple mais magnifique discours, où il évoque les figures aimées et disparues. Lorsqu'il parle du commandant de Boisseguin qui vient de tomber à Fleury, les larmes coulent de toutes les paupières. Quel chef admirable et si universellement aimé ! Ce sont de ces physionomies qui planent, et qui, même après leur disparition, laissent une trace ineffaçable. Les desseins de la Providence sont impénétrables, mais pourquoi faut-il que les meilleurs soient fauchés? Et j'égrène, comme un douloureux chapelet, les noms de ceux qui me sont chers et déjà ne sont plus.

Cependant, il retrouve des camarades, d'abord le lieutenant R..., commandant la 12ᵉ, un ancien élève de Saint-Sauveur, et en agitant avec lui quelques vieux souvenirs du pays, la transition paraît moins brusque... Puis, c'est son grand ami Louis de Kerautem, commandant le 1ᵉʳ bataillon : « Je saute « dans les bras de Kerautem, et nous nous embrassons comme « des enfants ».

Ils ne devaient plus se quitter ! Pour le moment, son vœu le plus cher était de servir sous les ordres de son ami...

Puisque je ne peux plus commander ma bonne cinquième, à laquelle j'étais si profondément attaché, mon rêve serait d'aller comme adjudant-major au 1ᵉʳ bataillon, mais ce serait trop beau ! Voici J..., adjoint au colonel, il a le sourire, serait-ce une bonne nouvelle? Je vais au 1ᵉʳ bataillon. Toute ma vie je serai reconnaissant au colonel d'avoir réalisé ainsi mon plus cher désir. C'est le rayon de soleil qui éclaire mon retour au front, et l'assurance d'avoir, dans les bons comme dans les mauvais jours, un bras sur lequel s'appuyer et un cœur à qui se confier.

Je revois des figures amies ; le commandant Pailler, qui commande le 2ᵉ bataillon ; P..., toujours gai, souriant, optimiste ; V..., stoïque, austère, pessimiste. Mes anciens poilus de la cinquième paraissent heureux de me revoir. Je reprends comme ordonnance le fidèle J..., qui n'a pas quitté le front un seul jour depuis le commencement de la campagne... Et je rentre joyeux dans le sein de ma nouvelle famille, l'état-major du 1ᵉʳ bataillon.

— L'état-major, quel nom solennel et pompeux pour le petit groupe que nous sommes ! De quoi se compose donc ce grand état-major?

D'abord le chef de bataillon, le capitaine de Kerautem. Il commande son bataillon depuis le 27 février, date à laquelle le commandant de Tarragon a été nommé lieutenant-colonel au 341ᵉ. Kerautem est le type du chic officier d'active, adorant son métier pour lequel il se dépense avec un entrain et une jeunesse admirables. D'une droiture de caractère peu commune, d'une bravoure maintes fois éprouvée, il est adoré de ses officiers et de ses hommes. Tous sont heureux et fiers de servir sous un tel chef. Il a de plus ce je ne sais quoi, cette sorte de distinction naturelle qui plaît aux hommes et qui ne s'acquiert pas. Par son action personnelle il a inculqué un véritable esprit de corps au bataillon ; tous les éléments disparates qui le composent ne forment plus qu'un tout harmonieux et discipliné dans la main bienveillante du chef.

— Comme docteur, nous avons le médecin auxiliaire L..., 21 ans. C'est une des physionomies les plus intelligentes que j'ai jamais rencontrées. D'une vivacité d'esprit remarquable, malin comme un singe, il est difficile d'avoir le dernier mot avec lui. Mais il cache sous un aspect léger et même volage une très grande élévation de sentiments. Brave jusqu'à la témérité, il professe un mépris absolu des obus, au point d'en paraître inconscient. Mais peut-être n'est-ce qu'une forme de courage ! Comme beaucoup de jeunes gens qui n'ont pas encore peiné dans les sentiers sinueux de la vie, il juge sévèrement les gens et les choses, mais lorsqu'il aura un peu blanchi sous le harnais militaire il verra que la vie est plus compliquée qu'elle ne paraît et que l'indulgence est une bien grande qualité !

— L'adjudant de bataillon est l'adjudant L... Débrouillard, actif, très au courant de son métier, il sait solutionner toutes les questions de détail avec autorité. Pour l'aménagement des P. C., il n'a pas son pareil : les couchettes, les tables, les banquettes sortent de terre comme par enchantement. Il résoud presque le problème qui se pose chaque jour de la vie militaire : faire quelque chose avec rien ! C'est de plus un homme de cœur ! Absolument dévoué à ses chefs, il est un précieux auxiliaire pour le commandement.

Une fois de plus, son rêve le plus cher était réalisé ! En attendant de remonter le 20 aux tranchées, il était présenté au bataillon ; il prenait ses fonctions d'adjudant-major et le brillant officier de cavalerie les inaugurait en passant la revue des chevaux du bataillon et des mulets de la compagnie de mitrailleuses. Et pendant que défilait cette cavalerie, sa pensée se reportait vers les revues de chevaux passées pendant seize mois dans l'espoir de la charge finale !

Le lendemain, Kerautem et lui vont visiter un camarade grièvement blessé, soigné à Vadelincourt.

Avant d'arriver au village — lit-on dans ses notes — il faut longer le cimetière militaire qui de loin fait l'effet d'un immense champ de croix. C'est à se demander lequel est le plus grand, du village des vivants ou du village des morts ! Le petit cimetière civil est noyé dans cette mer de tombes qui débordent de partout.

Tous ces villages situés un peu en arrière de la grande bataille : Dugny, Belleray, Froméreville, Blercourt ont tous un immense cimetière accroché à leur flanc. C'est comme une troisième ligne de défense constituée par nos morts. Ils sont là, groupés en bataillons compacts, avec leurs chefs, face à l'ennemi. C'est de là que partent nos énergies renouvelées, lorsque nous frôlons leurs tombes. Ce sont des centres de résistance morale ! Leurs tranchées ont été creusées pour toujours. La terre les a pris tout entiers, tandis qu'elle ne nous prend encore qu'à demi. Mais lorsqu'au jour de la résurrection finale la trompette sonnera aux quatre vents du ciel, il y aura un immense frémissement le long de ces collines sanglantes et tous ces corps, glorieux et transfigurés, bondiront de leurs tombes pour aller recevoir là-haut leur éternelle récompense !

La bataille autour de Verdun.

C'est un paysage déjà connu que, sur la rive gauche de la Meuse, le 70e doit parcourir pour aller, à la faveur de la nuit, prendre position dans ces bois sanglants d'où il a vu se déchaîner le début de la bataille de Verdun, « paysage bouleversé comme par un cyclone et que la lune éclaire comme un immense linceul ».

Les fonctions d'adjudant-major, dans cette période difficile, où l'ennemi met tout en œuvre pour obtenir coûte que coûte un résultat et où un certain énervement de fatigue pourrait s'emparer des hommes si longuement assujettis à la dure existence des tranchées dans une défensive rigoureuse, sont aussi importantes que délicates pour qui sait comprendre son rôle. Yves du Halgouet s'y montre tout de suite l'homme qu'il faut et à qui son commandant, un bon juge, a pu rendre ce beau témoignage :

Grande fut l'influence qu'il sut acquérir sur tous dans le bataillon par l'exemple. Cet exemple, il nous l'a constamment donné comme chrétien et comme soldat. Il était de ceux pour lesquels la perfection est le but à atteindre par tous les efforts. Jamais aucun de nous ne put lui reprocher la moindre défaillance. Ce fut la principale raison pour laquelle il s'imposa, dès le début, au bataillon. Très sévère pour lui-même, toujours bienveillant pour ses subordonnés, il se fit adorer d'eux. Ils sentirent si bien en lui un chef qu'ils se confièrent entièrement à lui, venant sans cesse lui demander conseil. Je m'aperçus bien vite que là où il irait, il serait toujours suivi.

Le nouvel adjudant-major est pétri de l'expérience des hommes et de la guerre ; son esprit d'initiative et de décision saura s'exercer à tous les instants autour d'un effectif qui peut avoir confiance en la science de ses chefs et se reposer entièrement sur leur vigilance.

Au premier lever du soleil, Yves s'est rendu compte de la position :

D'un petit observatoire situé dans le boyau, à 100 mètres du P. C., nous avons une vue admirable. Tout le champ de bataille s'étale devant nos yeux. A gauche, le Mort-Homme avec son sommet bouleversé comme un cratère de volcan. Devant nous, à l'horizon, la crête du bois de Cumières dominée par quelques arbres épars. Puis la côte de l'Oie qui, par la cote 265 descend en pente douce sur la Meuse. Sur la rive droite, Samogneux paraît baigner dans la rivière les plaies de ses maisons béantes. Au loin, les bois d'Haumont et des Caures, où dorment les chasseurs de Driant. Puis le Talou, la côte du Poivre et, dominant tout, Douaumont, énorme boursouflure grise ponctuée par les éclatements d'obus. Au premier plan, à 800 mètres de nous, Chattancourt offre un spectable lamentable avec ses maisons démolies ; plus loin, Cumières n'est plus qu'un tas de pierres amoncelées. Le point délicat du secteur est le long de la voie ferrée. C'est par là que les Boches s'étaient infiltrés après la prise de Cumières ; ils s'étaient même emparés de la station, mais une vigoureuse contre-attaque de la 40e division les en avait chassés. Toute cette région est parsemée de cadavres.

Le jour on est vu de partout, l'ennemi tenant toutes les crêtes, et il n'y a pas moyen de bouger. Mais c'est un repos tout relatif, au P. C., car le téléphone ne cesse de s'agiter et l'on est assailli par des flots de paperasses que le capitaine juge avec sévérité à ce moment où il a tant à faire pour « réorganiser le secteur et mettre au point toutes les liaisons ».

Chaque nuit sera mise à profit par le commandant en second pour inspecter les ouvrages et visiter les hommes, à qui on vient de remplacer « 200 grammes de viande par 100 grammes de sardines », substitution qu'il n'apprécie guère. Une de ces tournées le conduit à Chattancourt :

La traversée du village est lugubre. Des conduites d'eau crevées par les obus ont inondé la route. Tous les trous de marmites sont autant de petites mares qui reflètent l'horreur environnante. De gros obus ont tout anéanti ! Je croise des hommes de soupe qui passent comme des ombres rapides. Dans la tranchée tout le monde est à son poste. Blottis dans les sapes pendant tout le jour, sous la protection de quelques veilleurs, les hommes sortent de leurs trous la nuit et se répandent dans la tranchée. Il y a de l'ouvrage pour tous le monde. Au moment où j'arrive, les mitrailleurs font des emplacements de pièces, tandis que la section voisine répare le parapet démoli par un 150. Le commandant de compagnie, dans son modeste gourbi, rédige son compte rendu.

... Aux ouvrages 12 et 13, c'est l'adjudant A... qui commande les deux sections. Sous-officier intelligent et brave, il était avant la guerre armateur à Nantes. Il a l'habitude de manier les hommes et les choses, et il apporte dans le commandement une douceur et une sûreté de jugement qui le font adorer de ses subordonnés. De tels hommes sont des forces, non pas seulement par le galon qu'ils portent, mais par l'autorité qui se dégage de leur personne. Il ferait un excellent officier.

A mon retour, notre artillerie donne une sérénade aux Boches d'en face. Où est le temps où ici-même nous étions écrasés par l'artillerie lourde allemande, sans avoir de quoi lui répondre? Il faut avoir vécu dans la tranchée pour savoir la joie intense éprouvée par le fantassin quand notre artillerie déclenche, sur les premières lignes ennemies, un de ces tirs par rafales dont elle a le secret !

Quelques jours avant la relève, qui devait se produire le 28 au matin, le commandant de Kérautem et Yves projettent d'aller photographier Chattancourt.

Une lumière éblouissante, écrit-il, inonde la campagne. Les moissons abandonnées frissonnent au vent, encore tout heureuses d'être debout dans ce bouleversement universel ; et, pendant que nous cheminons lentement dans le boyau, les épis se balancent au-dessus de nos têtes et s'inclinent doucement comme pour nous protéger de leur couronne d'or !

La division tout entière s'en va au repos, après cinq mois de Verdun. La chaleur et la fatigue de six heures de marche ont

harassé les hommes. En arrivant au bivouac, au camp du Clair-
Chêne, Yves s'est endormi d'un sommeil pesant.

Vers 10 heures, encore à moitié dans le pays des rêves, j'entends une
voix : « Mais, c'est le père du capitaine du Halgouet! » En effet, j'ai
la grande joie de voir arriver mon père, descendant d'un auto de la
D. E. S., avec le sac jaune obligatoire bourré de provisions et de
cigares. Le capitaine R... nous invite à déjeuner à la table hospitalière
et toujours gaie de la 3ᵉ compagnie de mitrailleuses. Mon père repart
presque aussitôt. Il est désolé de n'avoir pas vu Kérautem, retenu aux
tranchées jusqu'à 10 heures. Je le reconduis à son auto, heureux de
cette bonne visite inattendue et réconforté par cette bouffée d'air de
famille!

En route, le lendemain 29 juillet, pour le grand repos dans la
région de Joinville (Haute-Marne). L'embarquement s'effectue
à Récicourt après un passage rapide dans Dombasle, que
l'ennemi bombarde avec de gros obus et où les maisons
desséchées flambent. « Pendant que les lueurs de l'incendie
« éclairent l'horizon d'une clarté sinistre, nous roulons vers des
« destinées inconnues, emportant de cette région de Verdun
« une dernière vision de feu ».

Le « grand » repos ne devait pas être de longue durée : il
faut sans répit alimenter l'effroyable fournaise de Verdun où,
de part et d'autre, fondent les effectifs. La 19ᵉ division, partie
en alerte, s'y retrouve brusquement jetée (rive droite), le 10 août,
sous les ordres du général de Cadoudal et engagée aussitôt
au plus fort de la bataille. A la charge, Yves n'a que le temps
de l'annoncer à son père : « Cette fois-ci, personne ne cherchera
« à nous disputer que nous sommes à V..., et dans le bon coin
« encore! Mais on y fera son devoir, comme les autres, et on
« en reviendra joyeux et content ».

Tous n'en reviendront pas, hélas! c'est une période extrêmement dure : les Boches font un effort nouveau et puissant en
direction de Froide-Terre et Souville. Pendant que la brigade
attaque, le 18 août, à Thiaumont (ravin des Trois-Cornes) les
bataillons du 70ᵉ, dont le bataillon Kerautem, ont à garder

alternativement pendant deux semaines un secteur terrible où, jour et nuit, un barrage n'attend pas l'autre.

Yves oublie toutes souffrances physiques, même l'atroce douleur névralgique, qui lui meurtrit la tête sous ce martèlement de détonations brisantes, pour ne songer qu'à s'attrister des pertes très sérieuses subies, « surtout comme qualité de cadres nous avons perdu les meilleurs » — tels que le sous-lieutenant S... et l'adjudant A..., de bons amis personnels — et ne songer, dans la même causerie de lettre (27 août), qu'à glorifier ses poilus :

Les hommes ont été admirables ; ils sont restés treize jours de suite dans des tranchées détestables, ne pouvant pas bouger le jour, voyant tomber leurs camarades à côté d'eux sans un mot de plainte ou de récrimination, dans des endroits où les cadavres apparaissaient dès qu'on remuait un peu la terre.

Dans ce miracle renouvelé d'arrêter le flot allemand avec des poitrines françaises, si les hommes ont forcé l'admiration, que dire des chefs, et parmi eux du capitaine adjudant-major du 1er bataillon qui, comme éclatant témoignage, était fait Chevalier de la Légion d'honneur le 6 septembre 1916, avec cette citation magnifique à l'ordre de l'armée :

« *Officier d'une très haute valeur morale, passé sur sa demande de la cavalerie dans l'infanterie. Ayant été blessé et apprenant que son unité revenait dans un secteur particulièrement dangereux, a rejoint immédiatement le front et s'est distingué par son ardeur, son entrain et l'impulsion qu'il a su donner à ses soldats.*

» La présente nomination comporte la Croix de guerre avec palme. »

Yves, écrivant à son père, traduit son bonheur en quelques mots d'une poignante simplicité : « Je suis vraiment très heureux, bien que je n'aie fait pour mériter cette croix que ce que j'ai cru être mon devoir » et il n'y aurait aucune ombre à sa joie si cette distinction n'était venue pour lui avant son ami Kerautem.

Sur le chemin du glorieux trépas.

Relevée de Verdun fin août, après plus de six mois de présence presque ininterrompue, la division occupe maintenant, entre Souain et Aubérive, un secteur moins agité qu'elle tiendra jusqu'au 20 janvier 1917. Les repos sont espacés. C'est pendant une de ces courtes détentes, au camp Roques, que la croix est solennellement épinglée sur la poitrine du capitaine du Halgouet. Ce jour-là l'adjudant-major a pu sentir vibrer, d'une fierté unanime, au contact du sien le cœur de ses camarades et de ses hommes comme dans une vraie fête de famille. A la même époque, il fait l'objet d'une proposition à titre définitif dans le grade où il a su montrer la pleine mesure de ses qualités de chef; il sera promu en janvier 1917.

Entre temps, les loisirs de la tranchée tournent l'attention du jeune officier vers les événements de la politique : le comité secret, les votes du Parlement, la retraite du général Joffre, l'arrivée en Champagne du général Pétain lui suggèrent intimement des réflexions qui dénotent un jugement des plus avertis et une claire vision des choses à venir.

1917 verra-t-il moissonner la victoire? Yves en forme le vœu, à l'aurore de l'année nouvelle, mais sans se méprendre sur la gravité de la tâche qui reste à accomplir et les douloureux sacrifices qu'exigeront les futures offensives.

Lorsque le 70e descend des lignes, c'est pour travailler à constituer une deuxième ligne de défense, vers Mont-de-Billy (Marne), sous un froid extrêmement rigoureux qui, en février, continuera de sévir pendant la période de manœuvres assez dures exécutées au camp de Mailly, en présence de missions alliées.

Du camp de Mailly, le régiment se dirige sur la région nord de Melun, puis commence autour de Paris une randonnée pendant laquelle les Bretons s'imposent par leur belle tenue. Le voisinage de la capitale a permis à Yves d'aller quelquefois s'imprégner de la tendresse familiale en des entrevues bien courtes, qui devaient être pour l'époux et le père comme de suprêmes réconforts...

L'hiver s'avançant, l'heure est venue de refouler les Allemands de leur pointe sur Paris. La troupe d'Yves remonte vers Beauvais et Montdidier préparer le secteur d'attaque du 10ᵉ corps. Travaux intensifs dans la boue du dégel. Les préparatifs sont achevés. Tous sont impatients de bondir à l'assaut. Mais le Boche, convaincu de son impuissance à soutenir le choc, a cherché son salut dans la fuite.

20 mars. C'est maintenant une poursuite acharnée, jusqu'à Ham..., la guerre de mouvement depuis si longtemps attendue. Malheureusement l'ennemi a trop d'avance et, lancés sur ses trousses, nos soldats ne peuvent que constater sa sauvagerie (mutilation d'arbres, incendies et pillages), s'en indigner et rire aussi de sa frayeur, le soir, les pieds au feu dans les bivouacs sous la neige, comme à Grécourt...

Rappelé brusquement à l'arrière, le 70ᵉ passe huit jours à Breteuil, puis, après maintes étapes, traverse Lizy-sur-Ourcq et La Brie, les champs de bataille deux fois célèbres de la Fère-Champenoise, de Montmirail, etc., pour arriver enfin au camp de Châlons, à Bouy exactement.

C'est là que, le 24 avril au soir, sur la route de la gloire et du sacrifice, le lieutenant-colonel du Halgouet, en déplacement comme membre de la Commission de l'Armée, voyait défiler le beau 1ᵉʳ bataillon, si digne à tous points de vue du qualificatif de « Royal », et embrassait une dernière fois son fils...

Le massif de Moronvillers, vers lequel s'achemine le 70ᵉ, constitue une des positions du front allemand les plus formidablement organisées. L'ennemi, qui recherche et redoute les intentions de notre commandement, a renforcé précipitamment son artillerie et il essaie par un bombardement furieux d'enrayer nos préparatifs.

Ici même, le 41ᵉ vient d'être fort éprouvé au cours d'une série de violentes attaques qu'il a eu à repousser. Yves n'ignore pas quel rôle son unité est appelée à jouer dans cette nouvelle bataille, et sous l'effroyable fracas du canon il écrit, le 25 avril, à son frère, l'abbé du Halgouet : « J'ai confiance dans le bon « Dieu qui a toujours été si bon pour moi jusqu'ici; il n'arrivera « que ce qu'il voudra ».

Le 30 avril, après six jours d'une occupation terriblement dure dans le secteur du Mont-Blond, le bataillon Kerautem s'élançait à l'attaque... pour redescendre le soir, glorieux et décimé, ayant perdu son commandant blessé, trois capitaines tués (du Halgouet, Gilbert, Catesson) qui reposent à Sept-Saulx, avec le capitaine Rollais, de la 10ᵉ compagnie, frappé en même temps qu'eux.

Mais il faut entendre le commandant lui-même, dès que sa blessure lui a permis de reprendre une plume — sa lettre est du 8 mai — raconter en détail, avec l'émotion prenante qui étreint son cœur d'ami inconsolable, les derniers jours et la fin glorieuse de son héroïque frère d'armes, le capitaine du Halgouet :

Nous avions travaillé tous deux avec ardeur cette offensive que nous désirions et pour laquelle, d'ailleurs, nous ne doutions pas du succès. Dans la préparation de l'attaque, ses conseils m'étaient infiniment précieux par le fait qu'il avait une conception éminemment simple et pratique de tout ce qu'il envisageait.

... Son enthousiasme désirait ardemment cette offensive ; aussi grande fut sa joie lorsqu'il connut la mission assignée à la division. Les quelques jours qui précédèrent l'attaque furent particulièrement durs pour lui qui, toujours avide de grand air, se vit reléguer dans une casemate obscure et de dimensions très réduites pour mettre au point le travail très aride mais indispensable se rapportant à la préparation. Il se donna tout entier à cette œuvre, sans se plaindre une seule fois de ces terribles migraines que nous redoutions tant pour lui et qui surgissaient chaque fois qu'un secteur nous fixait comme poste de commandement ces abris souterrains où l'air ne parvenait qu'à grand'peine.

Le 30 au matin, Yves, je ne dois pas vous le cacher, me parut triste. A plusieurs reprises il me répéta : « 30 avril, c'est l'anniversaire de mon petit Roger. » Sa pensée était donc tendue vers ce cher petit être pour lequel il avait une affection sans bornes et dont il aimait tant à nous entretenir. Il pensait à vous pareillement, Madame, qui allez former ce petit à l'image d'un père vénéré.

L'abbé Duret, notre prêtre brancardier, nous avait suivi au P. C. du capitaine Gilbert. Nous songeâmes à mettre en ordre nos affaires. Yves me succéda dans l'abri où l'aumônier reçut nos aveux. L'exemple donné par leur capitaine adjudant-major poussa instinctivement un autre capitaine et un sous-officier aux pieds du Ministre du Seigneur.

Nous étions prêts : à midi 40, nous montâmes sur la plaine pour suivre notre barrage d'artillerie qui devait nous mener jusqu'à l'objectif assigné. Peu après le crépitement des mitrailleuses nous donna l'impression que la ligne allemande était très fortement tenue. Il n'y avait pas d'hésitation possible : nous devions entraîner sous cette voûte d'acier nos premières vagues d'assaut. Nous bondîmes de trou d'obus en trou d'obus ; Yves marchait à ma hauteur, froidement, non avec cet emballement qui nous fait momentanément laisser dans l'oubli tout ce à quoi l'on tient et pour lequel on vit. Il est monté à l'assaut avec cette froide résolution qui fait le véritable héros. Le Devoir était là ! Dieu marchait avec lui. Une fois de plus, à nous tous, il donnait l'exemple.

Nous arrivâmes à un boyau qui menait à la tranchée allemande ; notre première vague, à droite et à gauche, était figée sous un tir très précis de fusils et de mitrailleuses. Un bond nous conduisit jusqu'à nos éléments de tête et nous pûmes, d'un coup d'œil, juger la situation. En ce point de la ligne nos éléments étaient pris d'enfilade par les mitrailleuses et, devant nous, un groupe d'ennemis décidés abattait à coups de fusil quiconque essayait de progresser. C'est ce groupe qu'Yves et moi décidâmes de réduire. Il fit venir des grenades à fusil... Tout à coup j'entendis l'un de nos braves gens s'écrier : « Mon Commandant, ne vous retournez pas, c'est trop affreux ! » Instinctivement je détournais la tête et je vis mon pauvre adjudant-major étendu dans le boyau... Une balle lui avait brisé la tête..., il était mort..., mort comme meurt un du Halgouet, en héros et en chrétien ! »

Témoignages après sa Mort

A la nouvelle de cette mort, la consternation fut générale, le chagrin profond, les regrets unanimes.

Comme dernière et belle page à la biographie du capitaine du Halgouet, quelques-uns des témoignages qui vinrent de partout auréoler la mémoire du glorieux officier méritent d'être cités, tant on y retrouve fortement affirmée l'impression qu'en lui la France avait perdu un soldat d'élite, l'Eglise un grand chrétien, ses camarades un exemple, ses hommes un chef adoré et ses compatriotes un dirigeant de l'avenir.

Entre bien d'autres, voici quelques passages de lettres, écrites au lendemain du 30 avril et dans lesquelles se reflète et se synthétise, avec toute la beauté et la sincérité de l'expression, le sentiment de ses compagnons de combat qui constitue le plus saisissant des éloges :

Lettre du Colonel du 70ᵉ à son père :

J'avais, en outre de l'estime et de l'admiration que ses hautes qualités morales et militaires m'inspiraient, une réelle affection pour lui. Depuis plus d'un an je le suivais attentivement, applaudissant à ses succès, à la réelle autorité qu'il imposait peu à peu à tous ses camarades. Je le considérais comme un de nos jeunes chefs futurs, sur lesquels nous pouvions compter d'une façon absolue.

... Et je veux vous répéter le deuil que tous, ses amis, nous ressentons — ce deuil plein de fierté, mais d'une fierté qui n'exclut pas un profond chagrin.

Ce chagrin, la haute estime de ses chefs, l'admiration et la confiance de ses hommes seront peut-être de nature à adoucir un peu votre peine, c'est pourquoi je tiens tout particulièrement à vous les affirmer, ainsi que la gloire que s'est acquise votre fils.

Lettre à sa femme du chef de bataillon P..., commandant le 2e bataillon du 70e :

La mort de du Halgouet m'a touché très douloureusement. Quant son corps est passé près de moi dans la tranchée, les larmes me sont montées aux yeux. C'est une perte énorme pour le régiment. Jamais on ne remplacera ce pauvre ami. C'était une âme droite, loyale, pétrie de droiture, de noblesse et de bonté. Il connaissait tous les hommes, il pouvait tout leur demander. Je ne l'ai jamais vu en colère. Il n'eut jamais un mot dur pour personne. Comme officier on pouvait lui confier un bataillon, on n'eût pu le mettre en de meilleures mains. Je dois à ce pauvre ami les meilleurs moments de ma vie de guerre...

Exprimez au Colonel toutes mes condoléances et tout mon chagrin de la perte d'un tel ami.

Du lieutenant B... :

Yves était un vrai héros, et tous ceux qui, comme moi, ont eu l'honneur d'être de ses intimes l'ont aimé, non pas seulement pour sa gaieté et sa bonne humeur, mais surtout pour ses fortes convictions, la droiture et la loyauté de son caractère. Votre mari était un véritable homme d'action et certes, avec son sang, il a voulu écrire une belle page d'histoire, assuré que sa mort servirait d'exemple.

Du sous-lieutenant Ch. de F... :

Je ne sais que vous dire, Madame, sinon que je garderai au cœur son souvenir, l'amour et le culte de sa franchise, de sa cordialité si droite qu'on avait comme une fierté de ressentir, son élégance morale si élevée, sa bonté.

Oui, son souvenir sera précieusement, religieusement conservé comme celui de mon meilleur ami, avec qui la vie m'avait lié relativement tard, mais chez qui j'avais rencontré la plus merveilleuse, la plus indulgente pour les autres, la plus ferme pour lui, compréhension des choses de la vie et des devoirs de la vie.

Du docteur P... :

Pour moi, je remercie la Providence qui voulut bien me placer pour un an sur sa route. Je lui dois tant moralement ; jamais il ne se sera douté de l'empreinte qu'il laissera dans ma vie ; jamais je ne m'en suis mieux rendu compte que depuis qu'il n'est plus.

Du capitaine J. de la Ch..., ancien camarade d'Yves au 24ᵉ dragons, à son père :

Je ne connaissais pas Yves avant le 2 août 1914, mais bien vite j'ai su l'apprécier et, par conséquent, l'aimer. Il avait toutes les qualités du vrai gentilhomme et du parfait chrétien.

Il y a peu de mois, au sujet de la mort du si courageux et bon abbé de Chabrol, Yves m'écrivait : « Il était trop brave pour ne pas être tué!... » Cette phrase s'applique si bien à votre cher enfant!... à vos chers enfants, car Yves est le deuxième fils que Dieu vous demande.

D'un compatriote, le lieutenant J. G..., de Redon :

... J'avais eu la joie de le rencontrer, il y a deux mois environ, au cours d'une tournée d'inspection que j'effectuais, et il avait bien voulu me consacrer sa soirée. Mes camarades et moi sommes encore sous le charme de ses récits vécus et nous ne pouvions nous lasser d'admirer la simplicité avec laquelle il nous dépeignait les traits d'héroïsme de ses poilus, toujours muet sur lui-même, mais nous ne pouvions garder d'illusion sur la valeur d'un chef qui savait commander de tels hommes.

Lettre du commandant de Kérautem (14 juin 1917) :

Je me connaissais assez pour savoir quelle devait être mon émotion lorsque à mon retour je serais à même de constater l'immensité du vide créé par la disparition de celui qui pendant un an partagea toutes mes joies et toutes mes souffrances. Jamais je n'aurais pu prévoir à quel point mes sentiments étaient partagés par l'immense majorité des gradés et hommes du régiment. J'en eus hier la conviction lorsqu'un de mes vieux sergents, Besnard, de la 1ʳᵉ compagnie, passant dans une unité territoriale, et venant me faire ses adieux, me dit, les larmes dans les yeux : « Je n'oublierai jamais le capitaine du Halgouet. Quelle perte pour nous!... Il fut trop brave. »

Un autre, causant librement avec moi, me dit spontanément : « Votre ami, mon commandant, il n'y a pas un homme qui ne le regrette au régiment. Dans les tranchées de Champagne, nous le voyions tous les jours dans nos petits postes, et les bonshommes étaient si contents quand ils le voyaient venir. »

Ce qui me frappe, c'est la sincérité du chagrin éprouvé par nos braves gens.

Il n'y a pas que parmi ses chefs, ses camarades et ses hommes que le capitaine du Halgouet était tenu en si haute estime et si grande vénération. Dès sa jeunesse il avait laissé au milieu de son entourage les marques d'une rare nature dont les qualités supérieures devaient s'affirmer plus fortement encore au cours de la guerre, même dans l'intimité toute simple des relations de famille. Ecoutons amis et parents lui rendre hommage :

Lettre de J. de G... :

Pauvre cher et grand ami ! Il avait la nature la plus attachante qu'on pût trouver. Sa silhouette élégante et robuste, son regard charmeur et doux, où la bonté se mêlait à la plus grande énergie, sa conversation brillante d'un esprit charmant et de la plus haute distinction vous attiraient à lui.

... Dès son adolescence, il avait de la mort le plus souverain mépris. J'ai encore absolument présente à l'esprit certaine conversation tenue par lui dans les allées du Brossay, conversation au cours de laquelle Yves me disait son indifférence complète, absolue pour la mort. J'avais été frappé de tant de courage et de froide énergie chez un enfant de vingt ans à peine.

Lettre d'une cousine :

Vous ne pouvez vous imaginer l'impression qu'il nous avait produite, à Max et à moi, l'année dernière, lorsque nous l'avons revu. Certes, il a toujours été charmant et affectueux parent, mais, depuis la guerre, il s'était encore tellement surnaturalisé que rien qu'à le voir et à l'entendre on se sentait devenir meilleur. On aurait dit qu'il entrevoyait déjà l'au delà.

Lettre d'une tante :

Ton mari, si affectueux et bon, quel beau caractère ! Avec quelle noble simplicité tout ce qui était juste et bien vibrait en lui !

Lettre d'une cousine au colonel du Halgouet :

... Vous aviez déjà donné une si belle partie de vous-même à la France, et vous l'aviez fait avec une foi si admirable que l'on pouvait espérer fermement que vous aviez assez bu à la coupe d'amertume.

D'un geste de bravoure qui peignait toute la beauté de son âme, Yves, pour venger son frère, avait voulu prendre sa place et les angoisses de tous s'étaient avivées, mais avec la confiance qu'il avait un protecteur puissant là-haut.

Nous jugions ainsi, suivant les pensées de ce monde, tandis que sans doute la beauté de la récompense attirait mystérieusement une âme trop élevée pour la terre, et il semble que saint Ambroise parlait pour vos chers fils, en disant : « O, mon frère, puisque vous m'y avez précédé, préparez-moi une place dans cette demeure pour moi la plus désirable ; aidez celui qui se hâte et, si je vous parais trop tarder, faites-moi venir. »

Langage mystérieux des âmes entre elles, mais que n'entendent pas les parents courbés par la douleur, qui pleurent un fils qui avait réalisé tous leurs désirs et était le juste objet de leur fierté, ayant tout ce qu'il fallait pour faire aimer le beau et le bien.

Les preuves de sympathie vous arrivent nombreuses, mon cher oncle, mais les paroles des hommes sont vaines si Dieu ne soutient lui-même celui qui souffre, en lui faisant entrevoir le but de la vie atteint par celui qui devance les siens et le revoir certain qui est la force de vivre de celui qui demeure.

Il est vrai que, chez Yves, le chrétien ne le cédait en rien à l'homme ni au soldat. On l'a vu pendant toute la campagne, comme dans la paix, pratiquer sa religion avec simplicité, sans ostentation : tout faire pour avoir la messe, jusque dans la cagna où l'on se tient à peine debout ; au cantonnement, susciter, faciliter les offices, réveiller avec son talent de musicien les harmoniums muets depuis des années, réquisitionner un prêtre lorsqu'il n'y en a pas (Viarmes, 1914) et exprimer, dans ses notes intimes, son regret lorsqu'il a été impossible d'avoir la messe, sa joie quand il a pu s'approcher des Sacrements.

C'est bien le cachet même de son âme qu'Yves a mis dans le suprême adieu adressé à sa femme en parlant de son fils :

Continuez à en faire un bon Français et un bon Chrétien, pour qu'il maintienne intactes les traditions de sa famille.

L'aumônier du bataillon, M. l'abbé D..., écrivait, le 17 mai 1917, à sa digne compagne :

La mort du capitaine du Halgouet a vivement impressionné le 70ᵉ. Les hommes sont naturellement égoïstes : quelques jours de repos, un peu de détente, l'arrivée d'un renfort font oublier les journées pénibles et l'on cause plus volontiers de soi que de l'héroïsme des autres. Il est arrivé pourtant ceci, et j'en ai été particulièrement ému, c'est que le nom du capitaine est encore sur toutes les lèvres ; c'est le premier qui est prononcé quand on parle des pertes du 30 avril et du 4 mai, et il y a dans la façon d'apprécier sa mort courageuse une marque de respect et d'admiration qui honore nos soldats. Ils ont bien compris que votre cher mari avait choisi son poste de combat, que son geste était sans arrière-pensée et que le devoir patriotique l'absorbait tout entier. Ils l'ont compris très bien parce qu'ils aimaient en lui un chef très bon, très simple, familier, « pas fier ». Ils sont rares, Madame, les officiers qui ont emporté avec eux ces deux choses, l'estime et l'affection de leurs hommes. Le 30 avril, peu après l'heure donnée pour l'assaut, et comme je passais à un carrefour de tranchées, j'entendis qu'on appelait M. le Major (M. Lamourette, disparu dans le combat du 4 mai) ; à quelques mètres de là, le capitaine du Halgouet gisait, renversé, le sommet de la tête brisé par une balle. Il respirait encore et, tout en lui prenant la tête entre les mains, je lui donnais une dernière absolution et le sacrement de l'Extrême-Onction. Il s'était confessé deux heures environ avant l'attaque, dans une sape du capitaine Gilbert, et je garderai toute ma vie la réconfortante vision de cette âme pure, confiante en Dieu et toute de devoir et d'honneur.

Le 30 avril, c'était l'anniversaire de la naissance de son petit Roger, dont il me montrait la photographie, et peut-être cette évocation, à ce moment, répandait-elle un peu de tristesse sur son visage. Oh ! combien vous avez raison de dire de sa mort qu'elle est glorieuse ; pour ce grand soldat, elle est un couronnement. Ce sont ces morts qui ressusciteront notre France chrétienne...

Lettre de M. le Curé de Fleury-sur-Aire à la mère d'Yves :

Ayant eu l'honneur et le bonheur de posséder en ma paroisse — en décembre 1915 et janvier 1917 — votre cher fils, M. le capitaine du Halgouet, du 70ᵉ, aujourd'hui décédé au champ d'honneur, permettez-moi de venir vous dire la part que je prends à votre peine et de vous assurer d'un religieux souvenir dans mes prières et au Saint-Sacrifice de la Messe, pour celui qui fut pendant deux mois l'édification de ma paroisse.

Il me souvient d'un mot de lui, prononcé sur le seuil de mon église, le 24 décembre 1915, à 11 h. 1/2 du soir, avant la messe de minuit, où il allait communier.

Comme votre fils était souffrant, — ayant été piqué dans la journée contre la typhoïde — et que je remarquais sa pâleur, il répondit à mes conseils de prudence par ces mots qui m'édifièrent : « Monsieur « le Curé, je n'ai jamais manqué à la messe de minuit, je craindrais « d'encourir la colère du bon Dieu si je ne faisais l'impossible pour « être là ce soir. » Belles paroles dans la bouche d'un soldat, sur qui le pays de Redon pouvait fonder de si grandes espérances !

Assurément le vide que laissait la mort d'Yves du Halgouet fut douloureusement ressenti dans notre région, où l'on peut dire que les vues s'étaient portées d'elles-mêmes sur ce jeune chef, héritier d'un glorieux patrimoine d'honneur et de dévouement à la chose publique, ardent, l'esprit ouvert à toutes les initiatives, extrêmement sympathique, qui avait gagné l'affection et, sans le vouloir, imposait la confiance.

Il était franchement populaire et d'avance on le désignait comme un de ceux qui devaient prendre la tête des troupes libérales et catholiques.

Aurait-il vu la fin victorieuse de la guerre que le sentiment qui eût rempli son âme n'eût pas été la satisfaction vaine d'un homme qui aurait fini sa tâche et ne demanderait qu'à dormir sur ses lauriers, mais bien l'élan généreux et prêt à des luttes nouvelles pour réparer le passé et créer l'avenir. On le sentait. On l'écrivait :

Lettre du chef d'escadron d'O... au colonel du Halgouet :

Mes relations déjà anciennes avec votre fils Yves, le hasard de la guerre actuelle en me rapprochant de lui pendant près d'un an, m'avaient permis d'apprécier un ensemble rare de dons et de hautes qualités. En outre, son oubli de lui-même, sa chaleur de cœur le rendaient aussi sympathique qu'estimable. Il semblait pénétré de ses devoirs sociaux et vouloir continuer votre rôle.

Je comprends ainsi la perte immense que font en lui sa famille et son pays.

Lettre d'un oncle :

... Nous souhaitions si vivement qu'il devînt à son tour le point d'appui de toutes les bonnes causes — et la sympathie générale qu'il inspirait faisait croire qu'il ne s'agissait pas d'un simple rêve. Je le considérais tant comme un des meilleurs ouvriers de la renaissance chrétienne de notre région que, chaque jour, depuis bien des mois de guerre, j'avais un souvenir spécial pour lui...

Lettre de M. l'abbé R... :

Comment pourrait-on encore s'attacher à la vie, quand on voit des hommes qui auraient, cependant, tant de raisons de la trouver belle en faire le sacrifice avec une telle magnanimité ? Je revois par le souvenir le cher Yves, quelques semaines avant la guerre. Il me ramenait dans son auto d'Allérac à Redon. Il me confiait ses pensées et ses desseins et sa conception du devoir social, et je me disais : quelle force, quel concours précieux pour l'avenir nous trouverons dans ce jeune homme !

Aussi l'on ne s'étonnera pas que, le 25 mai, au service qui fut célébré en l'église Saint-Sauveur de Redon, à la mémoire du capitaine du Halgouet, et, le 6 juin, à la cérémonie de Saint-Just, une foule immense d'amis et de compatriotes soit venue de tous les points d'Ille-et-Vilaine et des départements voisins apporter son tribut de prières et rendre solennellement hommage au héros chrétien. Et comme on comprend cette étonnante parole d'un brave cultivateur de Saint-Just en apprenant la mort de son maire : « J'aurais donné ma vie à la place de la sienne ! »

Puisque la France a enseveli, avec la dépouille de ses héros, tant d'espérances, formons le vœu que leurs fils, héritiers de leurs dons, soient les forces nouvelles qui nous assurent la primauté dans l'avenir.

La dernière Citation :

Q. G., 24 mai 1917.

19ᵉ DIVISION D'INFANTERIE

———

ORDRE DE LA DIVISION 72

———

DU HALGOUET (YVES-MARIE-CHARLES)

CAPITAINE ADJUDANT-MAJOR

AU 70ᵉ RÉGIMENT D'INFANTERIE

———

Soldat magnifique, a forcé une fois de plus l'admiration de son bataillon en disputant pied à pied, le fusil à la main, un terrain que l'ennemi tenait à garder à tout prix.

Est tombé dans cette lutte atteint d'une balle en plein front.

Le Général commandant la 10ᵉ D. I.,
Signé : TROUCHAUD.

Imp. Oberthur, Rennes (2619-19).

www.ingramcontent.com/pod-product-compliance
Lightning Source LLC
Chambersburg PA
CBHW071323030726
47594CB00002B/520